不一样的故宫

The Unknown
Forbidden City

郑欣淼　李少白　著

北京出版集团
北京出版社

图书在版编目（CIP）数据

不一样的故宫 / 郑欣淼，李少白著. — 北京 ：北京出版社，2024.9
ISBN 978-7-200-18463-1

Ⅰ. ①不… Ⅱ. ①郑… ②李… Ⅲ. ①故宫—北京—摄影集 Ⅳ. ①K928.74-64

中国国家版本馆CIP数据核字(2024)第007989号

策划统筹：黄雯雯	特约编辑：胡　钰
项目执行：杨　超	责任校对：赵贝培
责任编辑：张素芹	翻　　译：喻　立
杨　超	封面设计：魏建欣
助理编辑：谢　芳	责任印制：齐　颖

不一样的故宫
BU YIYANG DE GUGONG
郑欣淼　李少白　著
*
北京出版集团
北京出版社　出版
（北京北三环中路6号）
邮政编码：100120
网　　址：www.bph.com.cn
北京出版集团总发行
新华书店经销
北京华联印刷有限公司印刷
*
245毫米×280毫米　24.5印张　60千字
2024年9月第1版　2024年9月第1次印刷
ISBN 978-7-200-18463-1
定价：289.00元

为您提供自动讲解服务
Automatic Guide Service
The Treasure Gallery
简介

对大多数游客而言，故宫是前朝宫殿，如今是『大内』与『紫禁城』的官方称号。『故』这个字本身含有『旧时』『过去』的沉淀感，是时代缓缓转身，对那段已逝的辉煌历史的一声轻叹。拥有9999.5间房的宫宇，从最初的熙熙攘攘，变成如今的寂静之地，故宫在漫长的时间里学会了独处。

∨　雪后的千重屋顶

Multiple-layered roofs after a snow

第一节

Section 1

守护的重任

The Duty of Guardianship

第一章 Chapter 1

与故宫不期而遇

Encounter with the Forbidden City

御花园千秋亭中远去的人影、不再响彻三大殿的自鸣钟声，这些都是人事代谢给故宫留下的痕迹。轻轻拨开宫门旁肆意生长的野草，在夕阳温热的余晖中，往故宫更深处访寻时，你会看见青苔爬满石阶的缝隙，看见闪着光的蛛网挂在回廊的飞檐下，看见云影映照在屋内落灰的铜镜中。时间在故宫身上留下了许多精微的痕迹，剥落的墙皮是它沙哑的声线，斑驳的漆面是它细密的皱纹，见证它立于世间，完成这场寂寞又绵长的守候。直到，我们与它相遇。

目录

序一

郑欣淼

从“初见”故宫到“留守”故宫，我于故宫而言，经历了“游客”“参观者”“管理者”“研究者”多重身份的转变。

1966年，我第一次来到北京，正值“文革”，故宫举办了“收租院”的展览，当时没机会去参观，我就站在景山公园的万春亭上远远地看着故宫，那时它是有500多年历史的古建筑群，我是远方游客。

1998年，我从青海调至北京到国家文物局工作，工作调动给了我近距离接触故宫的机会。2000年初，故宫举办“清代宫廷包装艺术展”，那是我第一次走进故宫，它是重现辉煌的历史，我是参观者。

2002年，我被任命为故宫博物院院长，它是古代文化艺术博物馆，我是它的管理者。那次“清代宫廷包装艺术展”给我留下了深刻的印象，拓宽了我对文物概念的认识，加深了我对文物内涵的了解。我不禁思考，故宫的院藏文物除了欣赏价值外，还应该突显文化传承与研究的意义，乃至单独成为一个严谨且成体系的研究领域。

2003年，我在庆祝南京博物院成立70周年的“博物馆馆长论坛”上首次提出“故宫学”的概念，在这个概念中，故宫是千年文明的缩影，我成了它的研究者。自此，我与故宫在精神上结下了深厚的缘分。

“故宫学”，顾名思义，就是“关于故宫的学问”。故宫曾被定为艺术性博物馆，因为过于侧重“艺术”，在20世纪50年代，大量的明清档案及珍贵的“天禄琳琅”等善本特藏被调拨出去，原本属于故宫的文献与文脉遭受重创。故宫的价值绝不仅限于供人观赏，它所承载的文化律动与文明延续足以使其成为像“儒学”“敦煌学”一样的显学研究。

我任职期间，主要的工作就是主持开展故宫“百年大修”计划，大修让我看见了故宫的另一面，也让我正式以“故宫人”的姿态与它相处。“百年大修”初期，碰上“非典”肆虐全国，故宫与往常相比冷清了不少，因此，我才有机会在游客极少的情况下拍摄我眼中的故宫。

我大多是在工作期间拍摄故宫的，起初拍摄的时候并不讲求什么摄影手法，我请来彩画专家王仲杰，带着我们院里的年轻人一起考察需要大修的宫殿院宇，在这个过程中，我的拍摄在“记录画面”方面远大于“艺术构造”。在“故宫学”的研究场域中，我总想通过镜头去诠释故宫的意义与价值，去关心它背后或面前的人，而非只关注它外表的华美与惊艳。同事们常说我的照片是从故宫博物院院长的角度拍摄的，从记录视角来看别有新意。我倒是不争这个“新”的名头，只是想力求有所发现，在历史与现存的比照中，在文物与文化的牵连之间，不断丰富与完善“故宫学”，继而能在推动中华文明物质载体多元价值的挖掘、阐释和传播的道路上，贡献自己的绵薄之力。

有人可能会好奇，院长的角度“新”在何处？别是那些故作高深的阐释，又或是枯燥无味的故纸堆吧？当然不是，我所有的拍摄动力都源自对故宫的感情，镜头下的故宫对于我而言，是令人陶醉的景致，更是激荡的历史、多元的现在，以及愈发生动的未来，是中华文化与世界交流的一扇窗。故而，我会拍下雄伟壮丽的九重殿阙，这是故宫给外界的初印象，是皇权的具象化身。我会拍下故宫中的朝云暮霭，那时有游客们几乎见不到的故宫风貌。我也会拍下文华殿前开放的海棠和慈宁宫满园的二月兰，并溯源这些植物的来源：它们历经几世？又是在什么样的情况下来到了故宫？对别人来说它们不过是故宫的一小段风景，但在我眼中它们是故宫神秘历史中不可或缺的一分子。我还会拍下那些具有舶来特色的藏品，抑或是即将原地封藏的文物，它们有的是中国与世界交流的最好证明，有的是囿于条件的无奈封存。

旷日持久的大修，让多个场馆陷入沉寂，但在瓦砾飞檐的重筑中，场馆本身迎来了新生。这场大修以“不改变文物原状”为总原则，尽量保留文物或建筑的原始信息，对于后代人曾经做出的不恰当改变，我们更是做了修复工作。在一张张工作留影中，故宫的秘密正被我们一点点揭露，从重檐结构到红墙配方，从藏传佛教的深奥到皇室亲情的温厚，史料中的故宫在一砖一瓦间找到了最好的验证。史书中的故宫拥有了生命，瓦砾间的宫殿与文物有了更为清晰且深刻的内涵。

自2004年至2010年这7年间，我与同事们对故宫的藏品进行了全面的清理工作。截止到2010年底，故宫可移动文物总数达1807558件（套），占中国文物系统博物馆藏品总量的1/10还多，其中一级文物已占到全国文物系统一级品的1/6。清理文物是一件极具挑战性的工作，核对藏品、统计数量、归纳整理，每一个环节都涉及庞杂的古今数据对照。这些文物不仅仅是故宫在藏品数量上的荣誉，它们的质量与蕴含的文化深意，更决定着故宫无可替代的研究价值与地位，我们这些故宫人，只有熟悉藏品才能进一步开展博物院的对外开放业务和内部的研究工作。

大修的过程无疑是艰苦的，常年落灰的书版、破损不堪的佛像等在照片中可能不那么显眼，更不用提美观，但它们恰恰是宫廷生活在文化、思想上的剪影。

我还爱拍故宫中形形色色的人，他们的存在让故宫在多重身份下显出不一样的特点。

摄影是借图像代言，图像表达是人类最古老的认识世界的方式，也是最鲜活的语言，图像避开语言描述，却也因此超越语言表达的内容与局限。我常认为自己和故宫是一种“精神结缘”，在绚丽夺目的视觉感受下，我推开它深处的门，在无数个数字与档案间穿梭，去和历史对话，去聆听来自先人的嘱咐。

不过，就拍摄故宫而言，对画面的视角选取掌握在我这个拍摄者手中，而对画面的解读权掌握在观者手中。在两方不同或相似的感知中，流动着的都是对动人又博大精深的中华文化的体味。我乐意在这样的交流氛围下，将故宫的精妙、优雅、博学、沧桑展示给每一个对它生发兴趣的人，让故宫和“故宫学”的影响，走出北京，走出中国，走向世界。

序二

李少白

20世纪80年代，故宫离我住的台基厂很近，但我从未对着故宫举起过相机。当时，我在一家杂志社做摄影记者。1984年，电视剧《红楼梦》在北京开拍，我被派去跟组采访。剧组的女演员一个赛一个的水灵、漂亮，我在片场忍不住随机拍摄。演林黛玉的陈晓旭、演薛宝钗的张莉、演贾元春的成梅，我都给她们拍过照片。后来，不光是片场，她们休息的时候也会找我约拍，我跟故宫的相遇、相知，就是从成梅找我去故宫拍摄的那天开始的。

我问成梅选故宫拍摄的原因，她说元春所在的贾府与皇宫紧密相连。元春自小被送入内廷，一路加封至贤德妃，贾府尽享皇恩。元春病逝后，贾府的富贵“落了片白茫茫大地真干净”。书外，曹雪芹家族曾凭借其爷爷曹寅与康熙皇帝的深厚交情富极一时，最终却难逃被抄家的命运。艺术来源于生活，皇室印记在元春身上如何体现？元春该有怎样的心路历程？这是她理解角色的必修课。我和她边看，边拍，穿着时尚的她很快被路人围观，成了故宫里的另一种风景。

这次偶然的约拍，让成梅走进了元春居住的皇宫，也让我闯入了摄影艺术的胜地——故宫。

有一次，陈晓旭选中了乾清宫广场前的镏金大缸，她鲜艳的红指甲搭在金黄色镏金兽首上。女孩子鲜活与灵动的指尖，抚摸着旧王朝沧桑、古朴的镏金兽首，这是天真与沉稳的邂逅，在镜头里面，活脱脱就是一幅仕女图。

在给这些女孩子拍摄期间，我逐渐熟悉了故宫的殿宇楼台、宫墙甬道，但大多是走马观花。那时，我对故宫还没有消除刻板印象，心里头觉得它只是一座富丽堂皇的皇家遗址，一处享誉中外的文化地标。

渐渐地，汉白玉台阶、红墙碧瓦不再只是人像的背景和陪衬，我开始想要借镜头探索它的建筑、历史和传说。这座偌大且庄严的紫禁城，正在用它深厚的底蕴与无尽的神秘不断吸引着我。

缘分的大门一旦打开，就会涌现出许多不期而遇的惊喜。那时，我们杂志社恰好需要承办一场展览，我已经拍了不少故宫的照片，对自己的摄影技术颇有些自信。我把照片交给领导和项目负责人，他们都很认可，随即拍板，题目就叫“神秘的紫禁城”。

1992年，“神秘的紫禁城”在北京民族文化宫展出，开展首日，故宫博物院时任代院长吕济民和时任副院长单士元双双到场指导。吕院长说他作为故宫的负责人，本以为对故宫已足够熟悉，但看了这组展览，发现我镜头下的故宫有一种少见的新鲜感。别人拍午门的庄严，我拍宫门的陈旧；别人拍飞檐的华丽，我却拍它剥落的釉彩。从前，摄影同事对我的看法都是“会拍美女”，经此一“展”，大家发现，哟，李少白拍故宫拍出了新视角、新感觉，他居然可以把一个思想内涵深厚的题材拍出不一样的氛围。我自己也对故宫拍摄产生了信心，原来，故宫真的可以这样拍。

在视觉审美上，中华民族骨子里会不自觉地崇尚大气磅礴、威武庄严，尤其是面对故宫这样一个集权力、荣耀与600多年历史于一身的建筑群。在中国，几乎没有人不知道故宫，大多数人对它的印象或者说想象都少不了皇家风范与威严。它见证了明清两代共计20多位皇帝的兴衰荣辱，见证了“紫禁城”成为皇室不容僭越的象征，“天子”与“天下”都被庇佑在这高墙深院中。但倘若所有人都以仰视的姿态去看故宫，故宫就只能一直是皇家宫院的遗迹，它自身的魅力将会大大减少。

于我而言，故宫不光是厚重历史的代名词，它的隐秘角落往往留存了被世人忽略的故事。那次展览，我拍摄了像金水河、午门这样众所周知的故宫“风物”，同时我的视角还锁定了锈迹斑驳的偏门、背光的太和殿、越过数重门的琉璃瓦，不是猎奇博眼球，而是觉得这些角落构成了故宫的另一种故事感，是那些天下之外、天子不问的幽微心史。当你以平视，甚至是俯视的视角望向故宫时，养心殿符板中刻着前朝的祈祷，深宫甬道旁婢女的吟唱在回荡。在陌生感的驱使下，重新用长焦镜头推开故宫的另一扇门，仿佛有个人就倚在某段宫墙下，将这里原先的琐事娓娓道来，可能是后宫嫔妃的命途多舛，也可能是某个内侍平淡的生活，通过快门的散文化书写，它们才得以重现于世。

诗意和想象互通，故宫里的砖瓦楼阁与当初在这里生活过的人和发生的事其实一直都在，就是看谁能发现、解码。镜头不是讲述者，再精细的设备也仅限于场景复刻，故事感源自镜头背后的人以何种心态与姿态去解读、思考眼前所见，跳出故宫，才能看见故宫。但解读又不能过于刻意，刻意便意味着钻营，“相遇”是最好也是最难得的拍摄状态。在此时、此刻，它愿意穿过漫长御道，褪下皇权色彩的外衣，走出来见你。那么，当你走近，它自然会跟你讲述一个故事，这个故事属于故宫，也属于你。

后来，我就总想着一定还能从故宫里琢磨出一些新东西，没日没夜地往里头钻。忘记相机的写真功能，把它从摄影家的眼睛转变为诗人手中的笔，我和镜头完全沉浸在想象的氛围中，拍片、选片、成片，一气呵成。名声是传出来的，久而久之，我的“镜头”和“故宫”就像手艺师傅打的纽扣结，穿插交错，环环绕绕，就这么扣在了一起，结成一段缘分。

等候故宫开门的游客

Tourists waiting for the Forbidden City to open

乾隆御筆
皇建有極
天心降鑒惟萬方臣庶當思容保
祖訓昭垂我後嗣子孫尚

北京的古建筑有很多，圆明园、颐和园、天坛、北海这些都是建筑美学的精华，但没有一个可以像故宫这样令人痴迷。原因很简单，这里曾是中国的政治、权力中枢。600年的万千光景顺着琉璃瓦的飞檐缓缓下坠，那些封狼居胥的指令顺着金水河送达边疆各处，将军在关外血染沙场，皇帝在养心殿中宵衣旰食，百官于殿前激扬文字，他们共同拉起王朝命运的弓弦，以长风破浪之势牢守天下。生死在故宫面前微不足道，历史也只是它的附属品，命运才是故宫最厚重的底色，它见证了帝王计谋、王权气数、朝代更迭。

< 保和殿内宝座陈设
The throne area in the Hall of Preserving Harmony

气势恢宏的东北角楼
The magnificent northeast Corner Tower

乾清宫昭仁殿，是清朝皇帝读书的地方
The hall of Zhaoren - Library of Qing emperors in the Palace of Heavenly Purity

^ 层层嵌套的门

Gates from far to near

> 写生

Landscape sketching

正因此，很多时候，我们工作时看到的故宫和游客眼中的它是大相径庭的。他们看见翊坤宫的精致、前三殿的巍峨、太庙的肃穆，我们看见红木桌角的瓷器玉器、落满灰尘的武英殿书版、锈迹斑驳的灵沼轩。

游客驻足铜缸前

Tourists in front of a bronze vat

第二节 Section 2

光影的情缘

The Art of Light and Shadow

当镜头对着故宫时，我总是不满足于仅仅拍摄故宫作为建筑群的本貌，而是希望把多年前看不见的情、听不清的事重新打捞起来。我绕到故宫背后，拍摄并展现它未曾被世人熟知的另一面，让太和殿不只是太和殿。那年春天，我看到细雨从它的重檐庑殿顶倏然滑落，溅湿了传胪前来的探花郎的衣摆，敲响了大清朝新一代文官成员的心扉。

杂草丛生却绿意盎然的慈宁宫花园

The weedy yet lush garden at the Palace of Compassion and Tranquility

身处故宫，我常常让自己扮演孩童，保持天马行空的好奇心，让攀上枝头的海棠、内金水河中的涟漪带我闯进一个又一个传说。三大殿前的广场异常空旷，驻足此处，我便觉得人渺小如草芥，如果用无人机从高空俯拍，人不过是御道青砖间的一粒微尘。数百年的诡谲风云曾在这里此起彼落，数以万计的宫人奴婢曾在此处步履匆忙，它迎接着王权交替，铭记着江山永固，又描摹着战火纷飞。

> 红漆剥落的陈旧木门
The old gate with peeling red paint

< 散落于花草丛中的石狮
Stone lions scattered in flowers and weeds

故宫里有很多汉白玉物件，金水桥上蜿蜒迂回的汉白玉栏杆、保和殿后巍然壮观的云龙石雕丹陛，都有其各自的使命与象征。但这些被随意摆在宫道两侧的汉白玉狮子，却无人知晓它们从何而来。这些石狮与故宫中常见的护国铜狮不同，它们少了些威风凛凛，多了些憨态可掬。

这些石狮散落在花草丛中，与故宫的有序截然相反。它们有的倾倒在地，有的蹲守道旁，在春风吹入故宫时，周围便会冒出无数野草野花。远远望去，仿佛群狮踏青，墙内丹宸永固的雄心、墙外瞬息万变的时局，皆与它们无关。

> 穿着时髦的姑娘站在锈迹斑斑的铜缸前，摄于 2001 年
A fashionably dressed girl standing in front of a rusty bronze vat. Photo taken in 2001

故宫经历过多次修缮，说到“新”“旧”上，修的是故宫的“新”，缮的反而是故宫的“旧”。这是我 20 多年前在故宫拍下的照片，这位姑娘穿着时新的夏装，红白撞色非常抢眼。她远远地看着太和殿广场前生满红锈的大缸，脚边杂草丛生，乍看不过是一张普通的游客照，要是不说明，可能都不会有人能想到这是在太和殿前。但我转念一想，锈迹是新的，杂草是新的，人也是新的，我们不是在和故宫的“旧”合影，而是在不经意间抓拍到了它“新”的面貌。

传说螭傍水而居，因此螭首是故宫水利疏导工程不可或缺的一物。雨季来临时，人们有幸能见到三大殿台基四周千龙吐水的奇观。之前螭首多无角，但故宫的螭首皆有双角。一方面，双角加强了其龙子的身份，与真龙地位相当，尽显威仪；另一方面，自然是彰显皇家至高无上的权威与地位——凶悍威猛的螭首，代表皇家一统天下、不容僭越的尊严。

照片上的这尊螭首绝大部分人没见过，因为它源自一次意外。长期风化和雨水侵蚀让这尊螭首与望柱的胶粘处不断松动，终于在某一日不堪重负，高高在上的龙子跌下神坛，这是一个极度滑稽又悲凉的场景。皇帝想借螭首的凶猛震慑四方，庇佑宫宇，但此时它落入凡尘，蜷缩在阴影里，狼狈到自身难保，此刻我对它只有同情。因为再多神灵也难以挽回它走向破碎的结局。这尊螭首很快被修复，龙子重返晴空，我向它快速按下快门时，恍惚觉得它的偶然跌落是旧王朝的一次心跳。

> 螭首短暂跌落时的一个抓拍

The moment captured when the head of Chi (a hornless dragon) fell off

< 至今未对外开放的雨花阁

The Pavilion of Raining Flowers, which remains closed to the public to this day

故宫有很多地方并不对外开放，这些游客“看不见”的地方，或多或少“藏”有皇室的“秘密”。雨花阁是紫禁城内除畅音阁外最高的建筑。如果站在景山上俯瞰故宫，你将看到琉璃瓦连绵成片，它们与五脊六兽一起迎接每天的日出日落。此时你会发现雨花阁的金顶与众不同，藏式斗拱和藏式兽面为它增添了炫目的异域色彩，4 条藏式镏金行龙昂首腾飞在顶脊檐角。一日之内，晨光与夕阳为它们镀上两次金身，完成两次自然天地间的礼拜。

墙内如今已长满野草，缱绻的绿色宛如佛意在今世的蔓延。当黄昏降临庭院，雨花阁内供奉的佛像、经文与袅袅藏香一起，在暖黄的日影里复诵着历代帝王内心深处的祈求。我纵使站在楼顶，用最好的长焦镜头，也难以窥见门后的禅意与希冀了。

> 承载着皇帝爱情传说的浴德堂
The Hall of Yude, which carries the romantic legend of the emperor

武英殿院内的平台上，典型的土耳其式穹顶镶嵌在中式卷棚歇山顶建筑间，这是浴德堂。其室内墙面是清一色的素白琉璃面砖，墙外有单独用于引水的井亭。传说这是乾隆皇帝专为香妃建造的浴室，而实际上，浴德堂在康熙年间便被用于印刷时蒸熏纸张。皇帝的爱情传说在 200 多年经久不衰，人们更愿意相信这是乾隆皇帝在感情上的疯狂与偏爱，因为天子在这样的故事里才能走下神坛，成为民间津津乐道的“有情郎”，连带着他身上的神秘、威严也会因此变得柔和一些。

我举起相机，见穹顶洒下一片圆光，照亮室内的一角，这一片亮处让人陷入冥想，思绪也随着穹顶的缺口飞向那片白光深处。如果这里真是香妃的浴室，远道而来的她，是否会在某个蒸汽氤氲的夜晚，看见月光明晃晃地照进来，落在她思乡的泪珠上呢?

^ 广场上的铜狮
A bronze lion at the square

> 演员陈晓旭的红指甲落在金色兽头上
Actress Chen Xiaoxu’s finger on the golden animal head

像那句古话说的一样，“看山不是山，看水不是水”，越了解故宫，我就越担心自己不了解故宫。故宫有千重门、万道锁，门前曾有各路宫人的请安、寒暄，锁中有不能张扬的内廷秘闻。一块阳光下的砖有它的专属历练，一扇阴影处的窗也有它的前世今生。越走近故宫，我就越不满足于只是自己知道这些故事，我还想将它们讲述给更多的人听。

世界上除了中国有皇宫，别的国家也有皇宫，如法国卢浮宫、俄国冬宫等，但故宫是世界上现存规模最大、保存最为完整的宫殿群。对我而言，它不仅是摄影素材，更是难得的灵感源泉。将近 1 万间的房子里不知道发生过多少故事、藏了多少秘密，或许有崇祯皇帝暴雨夜晚的梦魇，或许有东林党人互不相让的争吵，或许还有慈禧太后绝情的指令……这一切都发生在故宫里，扑朔迷离也好，骇人听闻也罢，我感知到它们就在这里等我，等我与它们相遇。

夜晚的角楼上方流星划过夜空

Shooting stars streaked across the night sky above the Corner Tower

古旧木门内盛放着一株白玉兰

Inside the ancient wooden door blooms a white magnolia tree

宫墙下的一排低矮房屋，现已不复存在
A row of low houses outside the palace wall (no longer exist now)

Chapter 2

第二章 四季栖居的宫苑

Palaces in Four Seasons

自被冠以“故宫”之名的那刻开始，它就注定不会再有太多变化。唯一能变的，是日夜交替下的新与旧，是四季流转中的冷与暖，是气候不齐时的晴与雨。故宫的四季，处处有风光，时时有新意，同一个季节不同年份来看它，都会有不一样的风景。枝叶顺着四季的规律变换色彩，动物依照天气冷暖各有姿态。万物有道，应势而动的理念，完美地体现在这些节气与物候的身上。而一日之内，一宫之间，因光影变幻而实现的繁华迥异，又铸就了它经久不衰、随时而动的梦幻美。它就像一件被多面雕琢的玉器，让人看不够。

Section 1

第一节

物候节律 苒苒其华

Phenological Rhythm, Blossoming Flowers

时间，记录一切生命起源与终结，四季是时间在人世间的轮回使者。聪明的先辈为了准确感知时间流变，仔细揣摩天地与生灵的互动，在四季的基础上又寻找出节气、物候，充当人们在时间中的眼睛。

千秋亭、万春亭、绛雪轩、延春阁、长春宫，皇帝对宫殿楼阁的赋名往往大有深意，或是偏爱，或是有所寄托。其余楼宇内也不乏与四季相关的对联，如：颐和轩的对联『静延佳日春常盎，茂对祥风景总宜』；延晖阁的对联『雪朗西山送寒色，花辉东壁发生馨』；养性斋的对联『四季风光无尽藏，百城古帙有余馨』；等等。四季以其独有的魅力，获得了皇家的青睐。对联中的春夏秋冬随四季变换不断呈现在游客眼前，现在它们被工作人员一一记录在册，成为我们回眸那段风华的望远镜。

> 梵宗楼之春色
The Pavilion of Brahma in spring

承乾宫

< 承乾宫盛放的梨花
Blooming pear flowers in the Palace of Celestial Favor

春天的故宫是百花争艳的赛场。在红墙黄瓦间，各色花朵从各处探出身子。故宫保卫处原副处长崔老师是个热心人，他熟悉故宫什么时候有什么花开，也记得我们分别喜欢哪些花，于是，我们便能从他那里得到最准确的花讯。承乾宫的梨花是故宫春景的代表，它现在也成了这座宫殿的形象代言。顺着承乾宫的匾额往上望就是一派梨花低垂的盛景，来此处赏花很有与之相遇相知的氛围。

御花园内的一抹夏影

Summer view in the Imperial Garden

禊赏亭内的第一声蝉鸣拉开了故宫夏天的帷幕，禊赏亭的落成源自乾隆皇帝对王羲之『兰亭雅集』的仰慕。亭内设有曲水流觞，除仿制庭院外，三希堂还藏有王羲之所书《快雪时晴帖》唐摹本，乾隆皇帝曾多次临摹王羲之的其他书法作品，斯人已逝，追慕之情却历久弥新。

烈日灼灼，阳光平铺在琉璃瓦上，反射出大片夺目的金色。暑气随日影不断攀升，穿过午门和御道，走遍每一个角落。宫墙被日影分成两半，皇室的威严在满目朱红与热浪中不断延伸，即使是现在，游客们在夏季来到故宫时，还是会被广场上的暑气热得汗流浃背。

> 秋日的金黄银杏
The golden ginkgo in autumn

秋天的延禧宫因2株近300年的银杏而显得分外热闹，金黄的扇叶摇来西风的清凉，远远望去恍若金蝶群舞。银杏自古有多子多福之意，常默默收纳着人们『吉祥幸福』的愿望，延禧宫初名『长寿宫』，曾改名『延祺宫』，康熙二十五年（1686年）重修时更名为『延禧宫』。『长寿』『延祺』『延禧』皆有迎福纳福之意。事实却不遂人愿，清朝时延禧宫只迎接过3位主人，分别是乾隆的婉嫔、道光的恬嫔与成贵人，她们皆不受宠，被皇帝遗忘在偏僻的延禧宫内，恬嫔因一场无名大火香消玉殒，自此，延禧宫愈发冷清。满地落叶无声，堆积起厚重的过往，掩埋了远去的祈祷。

御花园绛雪轩前的琉璃花坛

The glaze flower bed in front of the Crimson Snow Pavilion in the Imperial Garden

隆冬时节，长桥、御道、石阶，皆为白雪覆盖，宫里有许多别致的娱乐活动，如乘冰床、堆雪狮、赏冰灯、观冰嬉等，明清两代的皇帝皆热衷于此。《天启宫词》中曾记录天启皇帝朱由校乘冰床游玩的场景，乾隆皇帝曾作《冰嬉赋》，皆流露出皇帝对这些娱乐活动的喜爱。

> 御花园雪景
Snow view of the Imperial Garden

雪后的宫苑

Palaces after a snowfall

玩摄影甭想绕开“季节”这个主题，春天的桃红，夏天的浓绿，秋天的金黄，冬天的雪白，四季以色彩为笔书写时间的卷轴，除带来怡红快绿的景色之外，还传送着自然与天地间的物候联系。对摄影师来说，这是一道天然的命题作文，但我从来不觉得照片只是静物呈现，所以一直追求拍出物体本身的鲜活或是灵动的感觉。我想在照片里留下柳叶边的莺声，烈日下的蝉噪，树梢间的雁鸣，西风中的呜咽。

走进故宫后，我试着从桃红柳绿的热闹、池鱼野鸭的嬉戏中找到季节律动的节奏，在院落间不起眼的零碎儿里找到它呼吸的气口；于四季静态的景里捕捉故宫动态的情，通过花开花落的循环溯源某个宫殿中的深夜秘密，通过金水河的倒影看清深宫的寂寞；在银杏林的蓬勃生命里，在海棠花下的美好祈愿声中，在千万个意难平的白雪旧梦里，描摹出立体的故宫。

承乾宫的这株梨花相传是董鄂妃亲手所植，成簇的花朵雪团般缀满枝头，风柔日暖时，沁满淡淡清香。如今，这里是女孩儿们的“打卡胜地”，她们手抚梨花，绽开一张张天真笑颜。我摩挲着它的灰褐色枝干，在一片绿叶白蕊中，看到 18 岁的董鄂妃站在梨树下，也是满眼欢喜。远处轿辇声动，顺治皇帝正往承乾宫赶来，这一对恩爱夫妻，在万物新生的春日，在梨花繁盛如潮的晴朗中，共赏“白锦无纹香烂漫，玉树琼葩堆雪”。

> 承乾宫的雪白梨花
The white pear flowers in the Palace of Celestial Favor

朱墙下花瓣飞舞

The flying flower petals against the red wall

梨花，雪一样纯洁，月一般柔和，冰一样清丽，它身上一定留有董鄂妃的影子吧。在同样阳光晴好的春天，在梨叶葳蕤时，我听见她的笑声及在梨树下的祈祷，听见她对顺治皇帝的娇嗔，连同枝丫间的雪白，在 300 余年的时间里一次次地和记忆里那个最难忘的春天重逢。

> 仰望宫殿
Upward perspective of the palaces

∨ 相传这株梨树为董鄂妃所栽
It's said that this pear tree was planted by the Imperial Consort Dong'e

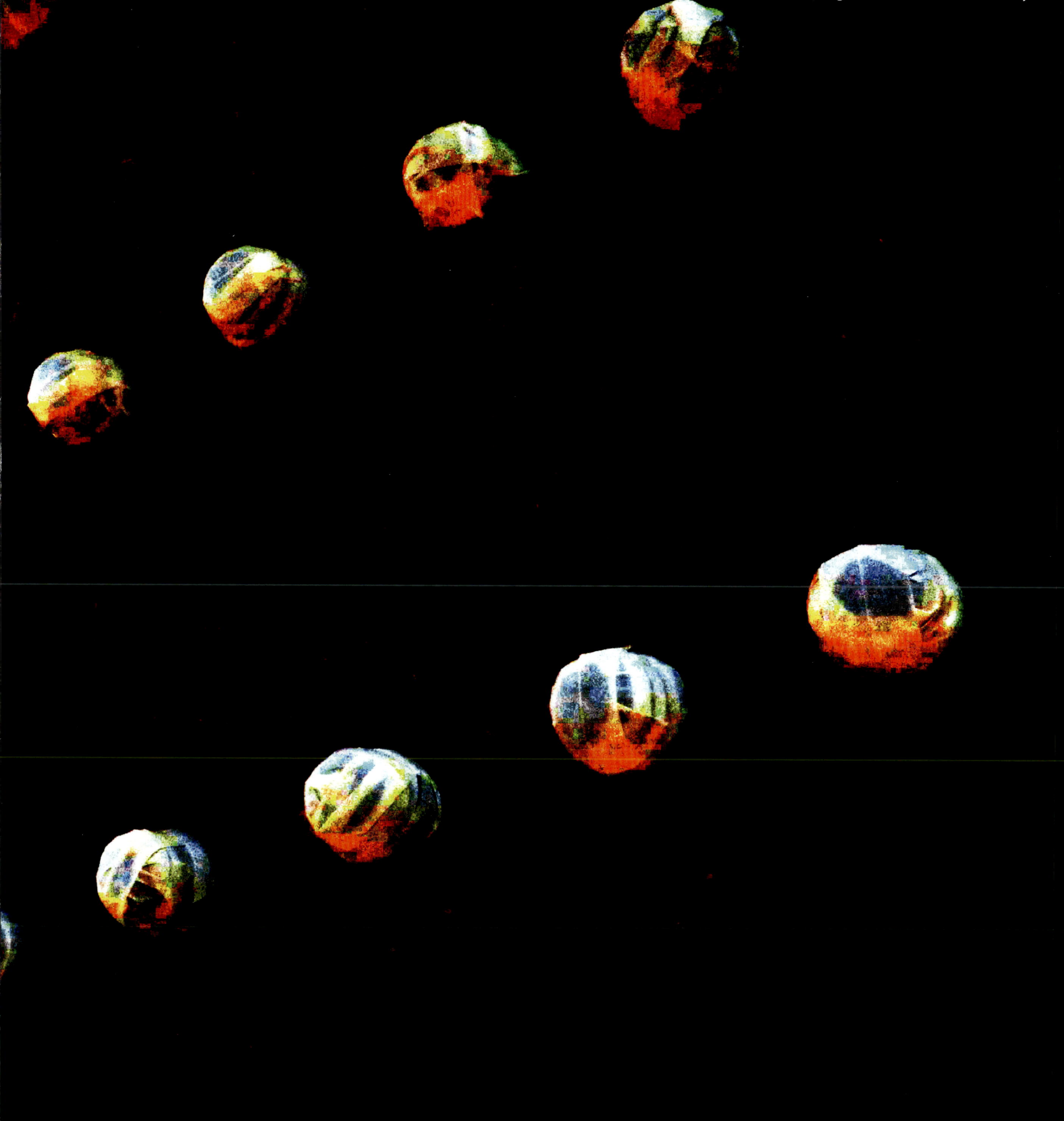

故宫门内的春色

The spring view inside the Forbidden City

别人拍故宫很喜欢它的对称结构、俯瞰成片的琉璃瓦，这与胜利者、上位者带着沾沾自喜的欣赏异曲同工。如果换一种视角呢？那些以前从远方望过来的虎视眈眈的目光，它们会如何看紫禁城？我要找的，就是这些目光注视下的紫禁城。

漫步紫禁城内，我发现不论庭院多么宽阔，广场多么恢宏，抬头时眼前的景象跟老北京人住的四合院一样，大多是四角的天空。这样的方正景象到了夏天，在明黄琉璃瓦的映衬下，更为故宫平添了几分庄严的锐气，如同盘踞山头的一只猛兽，让人不敢近身。听说明成祖朱棣称帝后一直惴惴不安，苦苦追寻侄子朱允炆的下落，却始终无果。当黎明在东方乍现时，乾清宫的大门内侧总会洒下一片阴影，随着时间推移一直往内廷延伸而去，我看见这不起眼的一抹阴影在热浪中肆意生长，将几百年前的帝王久久困于梦境。

∧ 故宫里的大铜缸
The big bronze vat in the Forbidden City

< 低悬的琉璃瓦檐角
Low-hanging glaze eave

我个人觉得北京的秋天是从容的，透着一股不紧不慢的劲儿，但故宫的秋天却是盛大而热烈的，尤其是故宫里那一行行的银杏树，一到秋天，银杏叶便成团成簇地亮起来，西风一过，吹得满地金黄，张扬着皇家的气派与雍容。秋天来故宫，银杏树下准有一溜儿蹲点找机位的摄影发烧友。

不过，偌大的故宫也不都是热烈的，相比于高耸宫殿之间的银杏树，故宫的柿子树显得有些寂寞。故宫里只有冰窖、寿康宫、延禧宫 3 处种着柿子树，秋天时叶子几乎掉光了，旁逸斜出的枝丫给摄影构图造成诸多困难，因此只有少数摄影师愿意拍下柿子树的全景。特写镜头下的柿子红彤彤的，很符合中国人“朱色见喜”的传统文化理念，带着喜气、聚着福气，装点着吉祥美好的愿望。

可转念一想，凌乱虽不美，但这才是柿子树本身的特性，我没有必要为了世俗的审美要求而忽视事物本身的状态。我目光所及是凌乱的枝丫，但百余年前那些宫里人看见的会是什么呢？可能是未知的命运，也可能是久违的欢喜。在恩宠难测的深宫，火红的柿子灯笼似的高高挂起，嫔妃满怀希冀，向宫门望去，盼着皇帝的身影出现在视线里。我举起相机，常看见乌鸦落在枝头独享整个柿子，它们哪里晓得，口中的甘甜里含有多少无边的忧愁与哀怨呢？

< 火红的柿子灯笼似的高高挂起
The orange persimmons hanging high like lanterns

和平鸽成群飞过宫墙
Doves flying over the palace wall

我看见网上有一句很流行的话，叫“一下雪，故宫就成了紫禁城”，仿佛这雪是故宫重回紫禁城时代的开关。隆冬的皑皑白雪的确是故宫的灵魂所在，大面积的白雪衬得宫墙红愈发鲜艳，在看似沉睡的冬天，飘飞的雪雾中跃动着一抹历久弥新的壮丽，不管是作为前景还是背景，不论是使用对焦还是虚化，雪都能很好地和人、物、景融为一体。

故宫的每一场雪都有自己的形状，片状的雪花落在屋顶上不久就风化成雪粒，寒风呼啸而过，卷起雾霭似的雪粒，夕阳斜斜地照过来，屋顶上就像一片被吹散的金云，朦胧中闪烁着一年里的喜怒哀乐。要是拍雪景，那一定不能错过雪中蜡梅。清秀的蜡梅在落满白雪的老枝上逊了三分颜色，树上的白雪厚重又瓷实，粗壮的枝丫间堆起重叠的雪山，细弱的树梢儿也裹上一层纯白，明明处在冰冷的庭院中，蜡梅却拿出了万分火热的气势。

雪舞紫禁城

Dancing snow in the Forbidden City

鹤负雪鸣

The crying crane covered in snow

雪中麒麟
Kylin in snow

屋檐飘下的雪粒似吹散的金云

Snowflakes from the eave looking like scattered golden clouds

紫禁城中白雪迷漫

White snow blankets the Forbidden City

∧ 冰雪倒影中的一抹红墙

A glimpse of a red wall in the reflection of ice and snow

< 白雪覆盖下的太和殿

The Hall of Supreme Harmony covered with white snow

故宫落成600多年，雪也下了600多年，我们如今看到的雪和以往宫人们看到的或许没什么不同，只是时间走得太快。大雪风尘仆仆地准时来到故宫，它或许曾对树下抱着手炉的小婢女打趣，簌簌地扬起一阵雪逗她开心，如今落在我的镜头上，让人不禁发问，那年冬天的小婢女后来去哪儿了？我当然给不出答案，纵使以600多年的红墙为底，白雪为笔，也写不尽时间的神秘，道不完历史的浩渺，时间里的人就如同年年不期而至的雪，在看不见的时间长河中不断再现又隐身。

色彩斑斓的宫苑景致

The colorful palace garden scenery

^ 满树白雪

The tree blanketed in a coat of snow

Section 2

第二节

色彩之间 光影跃动

Dance of Light and Shadow among Colors

故宫本身就是一件近乎完美的艺术品，阳光何时会从午门到达保和殿？西六宫各宫门应如何设计？御花园内的山水怎样营造配合才能相得益彰？这些空间结构的布局早在紫禁城初建时，就由大明王朝最具巧思的工匠们安排妥帖，尔后几百年间的岁修、翻修等，也无一不是调用当朝技术最好的师傅来操刀。

雾霭下的紫禁城、暖阳下的琉璃瓦、日暮时分的天安门，故宫的艺术性体现在一天中的任何时刻。这些景象不见于《起居注》中，也不见于故宫珍藏的任何一幅画卷上，而见于每一个来与之相见的人的心底。古建部的专家们看到闪光的琉璃瓦，或许能想到前不久岁修时工匠们流下的汗水；考古部的研究员们看到暑气蒸腾的金水桥时，极有可能照应了脑海中的一份内廷档案。

朱墙上的千般光影

Myriad shades of light and shadow on the red wall

∧ 顺贞门打开了，故宫开始了对外开放的又一天

The Shunzhen Gate opens, marking another day of the Forbidden City's public access

> 从西北角楼看神武门城楼

The Gate of Godly Prowess tower from the perspective of the northwest Corner Tower

不论是建筑结构上的独具匠心，还是配色上的浮翠流丹，故宫在空间与色彩上总能给人以惊喜。中轴线上的三大殿拉出故宫最多的空间留白，看似空旷的广场却透着睥睨来者的威严，这是来自皇权的不怒自威，以最为广袤的胸怀接纳和打量它的臣子。其余宫殿较为紧凑，却能在和谐中保持各自特色。各宫从门前的匾额到院内的盆景摆放皆有不同，可谓结构复杂。但各式物件构图简单干净，几乎没有赘余，恰如其分地放在它们应有的位置上，如此，才会给人移步换景，步步成画的观感。

太和门
THE PALACE MUSE
TAI HE MEN

太和殿耸立在一座宽阔的汉白玉台基上，连同台基通高约35米，只有新帝登基、诞辰，以及节日庆典等重大活动时，皇帝和一些大臣才能走进这座富丽堂皇的殿宇。那些不被允许踏进太和殿的人，只能远远站着一睹皇家威严。刷着锃亮红漆的宫门，就像那些不在紫禁城权力中心的人一样，只能借助光影，映照出太和殿的模样。

< 夕阳映照下的太和门

The Gate of Supreme Harmony bathed in the light of the setting sun

∧ 黄昏光影中的殿堂陈设

Dusk-lit hall furnishing

< 光影斑驳的宫门

The dappled palace gates

> 山墙上仿木的琉璃梁架和屋翼

The glazed beam and eaves mimicking wood on the gable of the hillside wall

光绪十四年（1888年）的冬天，紫禁城的太和门曾遭遇一场大火。那天夜晚，太和门西侧贞度门值班的护军富山、双奎值夜时玩忽职守，导致旧洋灯烧着了贞度门东山墙的后檐柱。冬季天气干燥，火势迅速蔓延，连续两天的大火烧毁了太和门、昭德门，以及太和殿南庑。此时，离光绪帝大婚仅剩40天，太和门是皇后凤辇必经之处，在天寒地冻的情况下，短时间内实现修复是断不可能的。情况紧迫，宫里请来外面扎彩棚的工匠，按照太和门的样式扎起彩棚，就连檐角的脊兽都复原得惟妙惟肖，更为神奇的是彩棚高30多米，但在寒风中纹丝不动，最终以假乱真，将这场婚礼应付过去了。

养心殿门前抱厦

Porch in front of the Hall of Mental Cultivation

三重飞檐翘角
Triple eaves with upturned corners

储秀宫一隅

A corner of the Palace of Gathered Elegance

乾隆花园古华轩后通向遂初堂的院门

The gate behind the Ancient Huaxuan Pavilion in the Qianlong Garden leading to the Suichu Hall

太和殿的光影

The light and shadow of the Hall of Supreme Harmony

有光的地方，一定会有影子。有个成语叫『顾影自怜』，意思是望着自己的影子而怜惜自己。人们对外界总是有所保留，只有面对影子时才能做回自己。皇宫里曾有无数个影子，将要被放出宫的宫女、刚被上级训斥的锦衣卫、在养心殿里紧锁眉头的皇帝……他们的影子有的在担忧出宫的境遇，有的愤懑于奖惩的不公，有的为边境安定忧虑。这些鲜活的影子没有多少人在意，它们沉默地陪伴着主人，聆听每一声叹息，安抚他们，将一桩桩心事埋进紫禁城的最深处。

< 紫禁城的黄昏
The Forbidden City at dusk

故宫的朱红色是传统色的代表，不像胭脂红那样艳丽，不像石榴花红那般热烈，兼备庄重的大气美与婉约的宁静美，明黄色的琉璃瓦与金黄色的门钉相映成趣。依中国五行之论，红色属火，寓意炎热、光明与无尽的能量，黄色属金，历来是象征皇家威仪的颜色。四方红墙中，无形的巨龙盘旋而上，金光从紫禁城内喷薄而出。紫禁城内，文官运筹帷幄，武将热血沸腾，他们共同守卫着东南形胜的秀美、西北大漠的苍茫。

故宫对摄影爱好者来说，是绝佳的拍摄胜地，不论你有多少摄影需求，都能够从这里满载而归。所谓摄影技巧，很多时候是在光影与色彩之间精准运算，找对黄金分割点。一张好照片里集齐了“天时、地利、人和”。

如果你是个有心人，一定不难发现，故宫里的颜色异常鲜艳，朱红的宫墙、明黄或翠绿的琉璃瓦、斗拱上青绿色的彩绘等，众多高饱和度的颜色组合在一起，非但没有喧宾夺主的缭乱，反而有种自信张扬的华美。这与中国传统绘画追求的美学一致，明清时期中国绘画讲求“温性”的特质，要求画面和谐自然。高饱和度的配色单看十分惹眼、出挑，但众多高饱和度色彩相结合，就会呈现纯净、祥和的效果，如同摄影中最让人痴迷的光影配合，拍摄湛蓝的天空，即使没有任何阴影的加持，也会得到一幅恬静深邃的画面。

故宫的先天性拍摄优势给了我不少灵感，我不愿只满足于记录光影降临故宫的时刻，我更期待发现故宫追寻光影的片段。

一排朱红廊柱

A row of red corridor pillars

镜中映照出紫色霞光

The mirror reflects a purple haze of light

宫殿之晨

Palaces in the morning

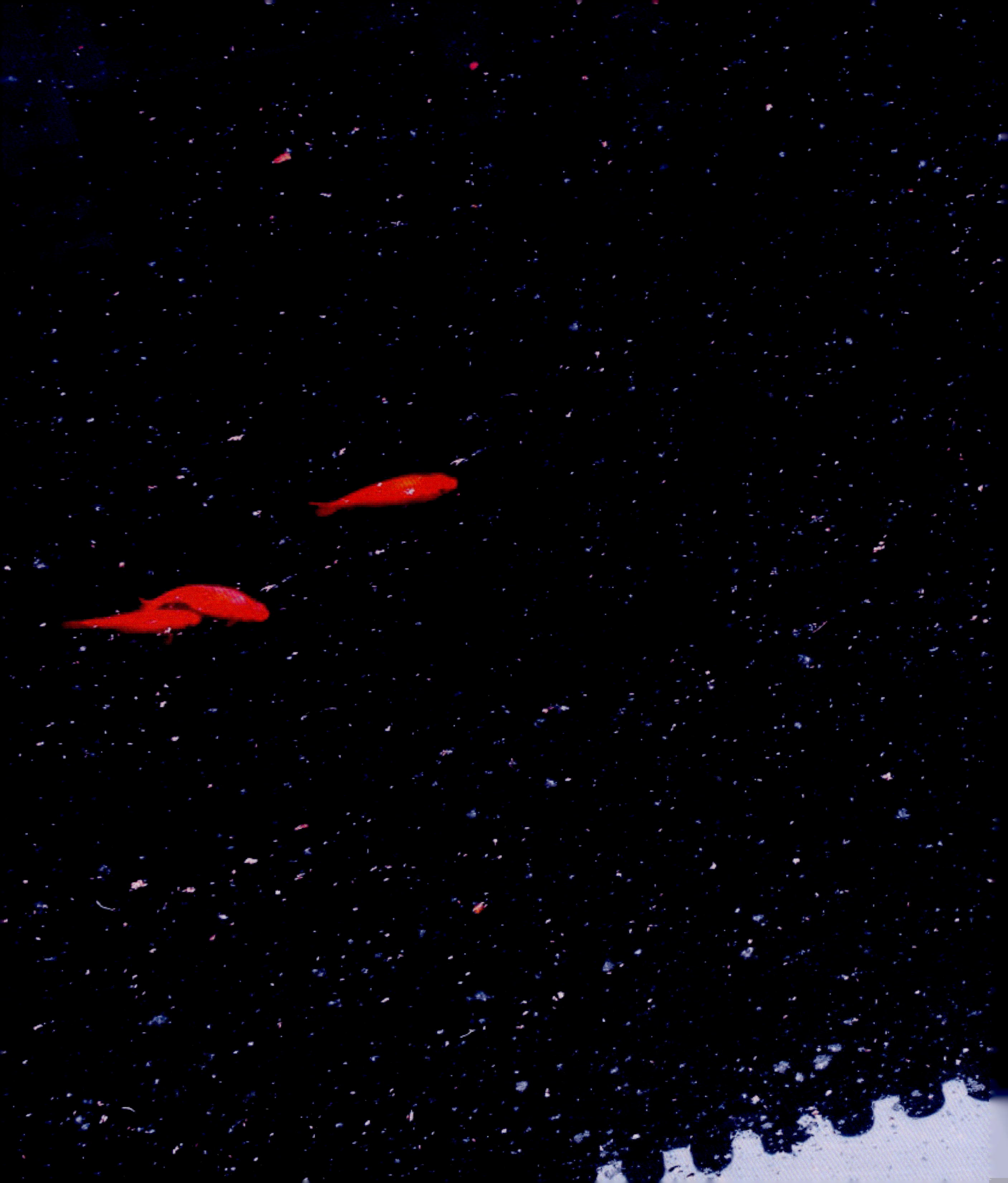

鲤鱼戏水

Carp playing in the water

光影寻味（一）

Seeking flavor in light and shadow (I)

^ 铜鹤伫立于夕阳下
The copper crane standing under the setting sun

庄严起来。白天看见它们的全貌时，让人不由得感到一股威慑力，调低曝光后，黄丹余晖中的剪影渐渐地染上了一股神秘感，不断地向我的镜头渗透，仿佛下一秒它们就要发出一声长啸。太和殿的丹陛铜鹤独立在苍茫暮色中，和石犼遥相对望，皇祚万岁、江山永固的理想就这样静静地沉淀在每一天的日暮时分，融化在镜头外恒久的剪影之下。

光影相交时带来的梦幻感不亚于半梦半醒间的缥缈状态，如果光所到之处为实，影所覆之处为虚，那么是露出的部分在对我剖白，还是影子在对我诉说？影子叠着影子，将原本的形体拉长、拉远，让本体短暂地逃离固有的束缚，行走在另一片屋脊上，逃进高大的门洞中，钻进蹲守几百年的水缸里，烙在不曾有肌肤之亲的红门上。如此，它们完成了一次“逍遥游”。

这香炉紫烟般的雾霭轻轻推开故宫入梦的大门，镜中花，墙上影，檐边云，廊下月，矗立了600多年的故宫，不论改朝换代，不论春夏秋冬，始终充满了对天地的敬畏和对光阴的敬重，在日出日落中坚守，在春华秋实中从容。我收起相机，走出宫门时，才发觉刚刚的自己是故宫长久梦境里的一个过客。

^ 夕阳下似有神兽集会

Under the setting sun, it appears as if mythical creatures are gathering

< 天安门里面华表上的那对石犼叫“望君出”

The stone Hou (a dog-like men-eating legendary animal) on Huabiao (marble pillar) behind the Tian'anmen Gate, which is called “Expecting His Majesty's Inspection Tours”

与西方素描不同，中国的传统绘画重神轻形，这种重神轻形的思维，又和摄影中的剪影手法不谋而合。

天安门里面的一对华表上蹲守着 2 只石犼，对着紫禁城做咆哮状，叫作“望君出”，皇帝用此来警示自己及后代，要走出宫门，体察民情，不能贪恋宫中温柔乡。平日里石犼展露在日光下，我能够看清它们脸上的肃穆神态与纤毫毕现的毛发，当太阳落到它们的身后，石犼只剩下轮廓剪影，黄昏将它们挺立的身姿衬托得

朱红色大门映照出油画般的太和殿

The red gate reflecting the oil-painting-like Hall of Supreme Harmony

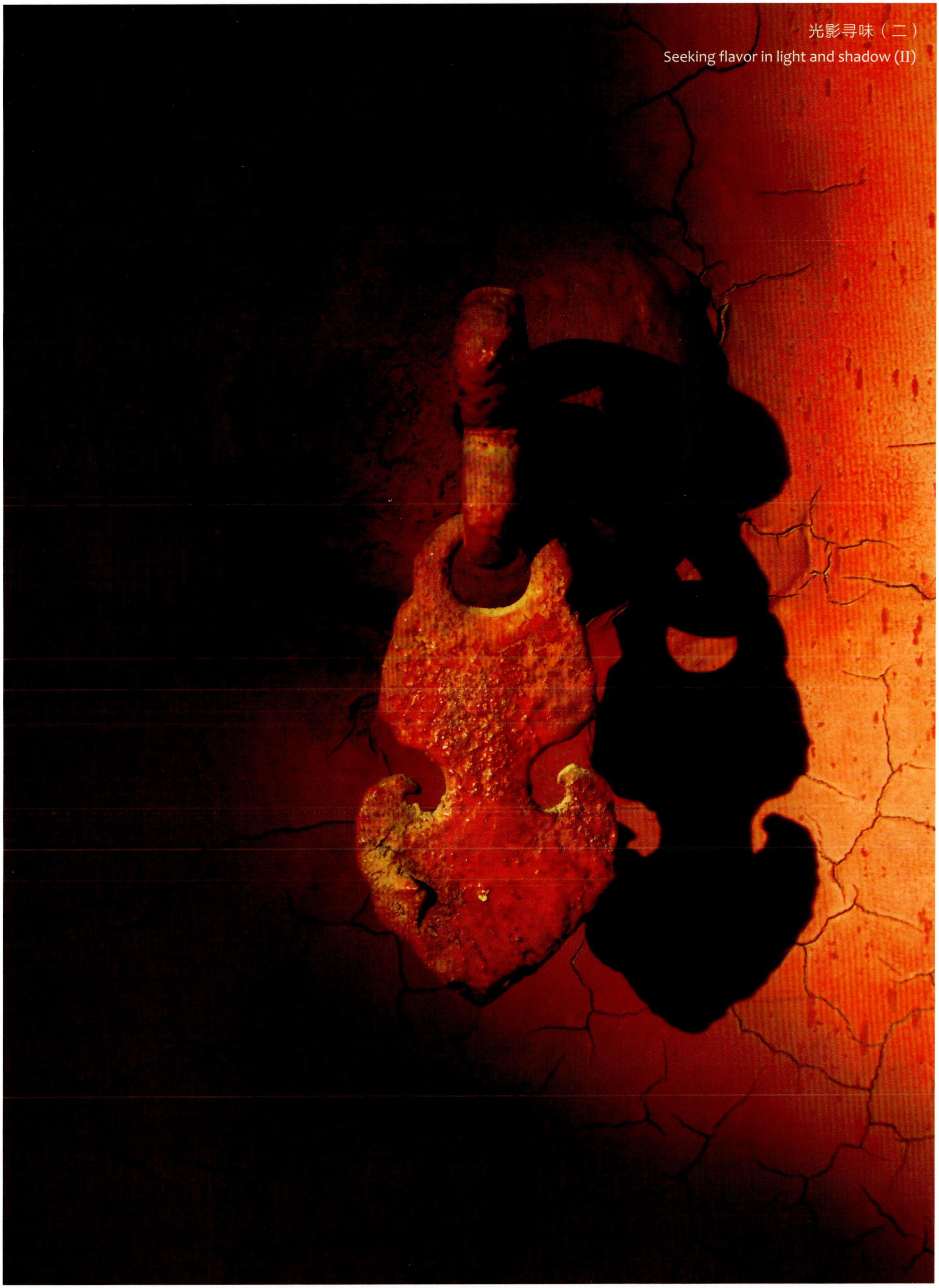

光影寻味（二）

Seeking flavor in light and shadow (II)

紫烟雾霭中的宫殿

The palaces in the mist of purple haze

阳光下的美丽窗棂
The beautiful window lattices in the sunlight

第三章 岁月往事的浮沉

Chapter 3 The Old Days

帝王以年号作为标记江山的勋章，也作为未来励精图治的鞭策，永乐、洪熙、宣德、正统、顺治、康熙、雍正、乾隆……这些寓意美好的年号迭代中刻录着历代帝王的生平，也生长出紫禁城的圈圈年轮。皇帝虽然被天下人奉为九五至尊，但天下没有永远年轻的皇帝，老皇帝的身影在龙椅上渐渐消逝，封建时代的风云以一位皇帝的驾崩作为终点，而这却意味着紫禁城将迎来下一次新生。

Section 1

第一节

护持之功 传承之力

Preservation and Inheritance

帝王从时代的洪流中悄然退去，宫人与内侍也从紫禁城里走出来，分散到别处。但紫禁城岁岁年年的修缮与维护工作并没有因此而停止，『十年一大修，一修要十年』，古老的技艺不断被追寻、复原，新一代的匠人从午门涌入，再度扎根在这方广袤恢宏的天地里。如今，他们不再为了帝王的喜好与面子而工作，而是为紫禁城本身工作，他们成为故宫新时代的守护者。

故宫巍然的建筑群惊艳过无数游客的眼睛，他们惊叹于九龙照壁的巧夺天工，称奇于畅音阁的机关构造，溢美之词附着在故宫的各个角落。角落深处，那些由过去匠人修缮时留下的松脂木屑，新旧交替的剥落油漆，这样的细微之处往往不被游客关注，但在另一群人的眼里，这些毛细血管般的枝节正是故宫的魅力与底色所在。他们将倾尽毕生所学和全部的心力，将其还原或续接，就像在故宫和紫禁城之间进行了无数次微创缝合手术。

于是，300多年前的钟表制作和修复技术、700多年前的琉璃烧制技术、600多年前的金砖制作工艺，在工作人员的苦心搜寻下，从快被人遗忘的角落起身，百鸟朝凤般向紫禁城飞来。

故宫百年大修（一）
Centennial Restoration of the Forbidden City (I)

故宫百年大修（二）
Centennial Restoration of the Forbidden City (II)

重新砌瓦时，每垄瓦片的高度、弯曲度都与原来保持一致，如此才能保证修复后的太和殿依旧是那座『太和殿』。在留住太和殿样貌的同时，我们无形中传承了古代官式建筑营造技艺，延续了故宫未来的生命力。

< 重檐庑殿顶修缮中忙碌的身影

Workers busy doing restoration of the multiple-eaved hall roof

∧ 太和殿维修后大脊上新换的正吻

The newly replaced central ridge beast on the roof of the Hall of Supreme Harmony after restoration

2004年5月，故宫启动对太和殿的维修工程，耗时一年零4个月，打磨出了一份工程设计方案，这次维修的理念是『多保留，少干预』，原则是『完整保护，整体维修』。重檐庑殿顶上有10多万片琉璃瓦，我们在维修时，首先将其逐个编号，其次了解它们各自的保存状况，凡是没有出现破损的瓦片，均放回原处继续『服役』。

故宫大修期间发生过一件很有意思的事。因为太和殿是大修中的主要建筑，我们在它四周搭起施工棚，维修期间是不对游客开放的。考虑到游客的参观需求，我们特意制作了一幅太和殿喷绘巨幕，从形制、大小到细节，几乎是1∶1复原。但有的游客不买账，其中一名还跟故宫打了场官司，说故宫欺骗消费者。最终这名游客没有胜诉，但这件事后来成了故宫人茶余饭后的谈资。

< 大修期间制作的巨型太和殿幕布

The giant curtain made during the major restoration of the Hall of Supreme Harmony

故宫里存着许多烫样。所谓烫样，是以往工匠在着手建造宫殿之前给皇帝御览的样式模型，这是中国古代建筑特有的产物。由于制作过程中需要用烙铁将材料熨烫成型，故称烫样。烫样这门手艺，出自清代『样式雷』家族。雷氏家族祖孙7代都是清代宫廷样式房的长班，负责制作建筑烫样。雷氏家族的烫样细致且精巧，不光有建筑样式，檐下彩画、室内桌椅皆细致可见。『样式雷』创造了清宫建筑的辉煌，也记录了雷氏家族对紫禁城的代代相守。

< 故宫存藏的圆明园慎德堂及西跨院烫样

The architectural model of the Shende Hall and its west side hall of the Old Summer Palace housed in the Forbidden City

紫禁城在四季轮回的时光里悄然变化。拍摄故宫时，我发现改变故宫面貌的无非是自然节气和人工修缮。属于紫禁城的政治时代终结了，但它的生命并没有被按下暂停键，一草一木仍在生长，一砖一瓦依然在呼吸，褪色的通景画和日渐朽坏的梁柱是它年长的痕迹，匠人手中的笔刷、胶水为它接续好生生不息的脉搏。

池塘里新生的锦鲤，台阶上摩擦的痕迹，广场中央踱步的乌鸦，抢修防护栏内的工匠，共同组成了故宫新的风景和碎片。自然节气影响着故宫的整体状态，匠人的修缮将新世纪的指纹烙印在不经意的角落，透过相机镜头看过去，你会发现，一面是全景的色调变化，一面是特写的精细纹理，它们在故宫这片古旧的土地上，开出了一连串明媚的花朵。

在大多数的照片构图设计中，青砖地面都作为背景出现，用以衬托人物或是其他建筑、事物等，人们游览故宫时也很少停下来专门俯身观察脚下的地砖。这些被人忽视的地面，正是我们摄影者应该去关注的。远远看去，太和殿广场广袤而平坦，但倘若你蹲下来细看，会发现广场的砖石凹凸不平，上面被雨水冲刷和风化出许多细小孔洞，砖缝间的糯米灰浆隐约可见，在这之上间隔着冒出了成簇的地锦、成片的青苔，或是其他野草。若是走远一些，瞧过去，一层茸毛般的绿色摇曳在晴朗的日光里，细微却不渺小，定睛一看，竟能占据照片的 2/3 画幅。

就像人们在讲述历史时，似乎总聚焦在少数人的故事。什么江山永固，什么帝王霸气，但更多的人就如同这些青砖地面，成为历史的背景色，无声无息地走完一生，如同一滴水汇入大海。没有背景的照片必会失真，没有水滴又何谈大海?

青砖风化的太和殿广场

The square of the Hall of Supreme Harmony, with weathered cyan-brick paving

紫禁城里最为精细的装饰动辄需要好几年的时间制作，太和殿的横梁最初采用的是数百年的金丝楠木，室内的一块金砖制作周期长达一年半，充足的准备时间似乎是紫禁城能够精美绝伦的秘密，这点和摄影有一些相似之处，有时候为了一个镜头，我要在角落里等上一整天，等到阳光正好偏移到合适的角度，从窗户斜上方照进大殿内，这转瞬即逝的几秒对我来说难能可贵，此刻，再好的技术都拗不过一个“等”字。

漫长的等待听上去索然无味，实则这段过程里充满了未知的惊喜，那是一种超越相机参数的人与自然的契合，是将镜头完全交给当下，成为记录者而非创造者。我记得有一次皇极殿里工匠正在给盘龙柱重新镀金，薄如蝉翼的金箔被他们轻轻吹开，掀起一阵阵金浪，贴在盘龙柱上，再用羊毛刷扫下边角多余的金粉，自上而下，循环往复。原本褪去光泽的盘龙柱重新焕发出金灿灿的生机，金龙缠绕在合抱粗的柱子上，栩栩如生，在飘飞的金粉中腾云而上。金龙从黯然失色到金光满身，旧体新生的场景变换是创造不出来的，只有等，只有遇见，我们得抱着匠人般的心态，先走进宫殿，而后才能真正走近它。

数百年间，无数人对着皇极殿宝座的正面按下快门，仰视上方由慈禧太后亲笔题写的“仁德大隆”匾，我们感慨于皇家的威严，羡慕其金碧辉煌的奢侈，或许还钦羡于他们接受四方朝拜的尊贵。但如果我们绕到宝座之后，可以看到这宝座因需要完美体现金龙形态，并不符合人体力学对一把舒适座椅的要求。皇帝不能以一种放松、放空的姿势闲坐在这里，他们必须正襟危坐，以不能懈怠的姿态思索传到耳边的每一句话。

修缮后的皇极殿盘龙柱和宝座

The restored Hall of Imperial Supremacy with its dragon columns and throne

Section 2

第二节

紫禁不老 宫苑常新

Palaces and Gardens Remains Ageless and Renewed

皇帝的执政风格与在位经历各有不同，铁腕治国的永乐皇帝，被称为『大明战神』的天顺皇帝，30年不上朝的万历皇帝，又或者是隐忍多年摆脱傀儡身份的顺治皇帝，宽仁爱民、平三藩定六部的康熙皇帝，无力回天仓皇出逃的咸丰皇帝，被赶出紫禁城的宣统皇帝……龙生九子，各有不同，皇帝的命运自然也不尽相同。

在皇帝们轮岗般地上朝、退朝的节奏中，紫禁城的内部也在悄然发生变化。最显著的就是楼台殿宇的翻修或增减，其中有的缘于新皇帝要在紫禁城扎根立足，有的缘于老皇帝突发奇想的创意，有的缘于太后们的闲情逸致。变化之中，有皇室威仪彰显，亦有人伦亲情再现。宫墙外的子民一代代变化着，宫墙内的小家园也一年年变换新颜，在克勤克俭或是大兴土木中，写下紫禁城的独家日记，以此保持它的新鲜感。

故宫在一年又一年的静默中书写故事，它几乎毫不掩饰地向我们展示内里的荒芜寂寞、外在的恢宏气势、600余年的厚重历史。从工作性质上看，我们是故宫新时代的『守门人』。游客散去，工作人员走过游客们走过的路，去到他们没有到过的地方，拂去故宫一天的疲倦。随着一批批的新人到岗，一批批的老员工退休，故宫依旧矗立在那里。其实是我们这些『宫里人』，得到了它不离不齐的陪伴。

修葺前的慈宁宫

The Palace of Compassion and Tranquility before restoration

英华殿自古是太后、太妃的礼佛之地，殿内共有2株菩提树，殿前碑亭内刻有乾隆御制的《英华殿菩提树歌》与《英华殿菩提树诗》。每年9月至11月，菩提子从树上旋转着落下，以前我们用它们制作成菩提手串，颇受大家喜欢。因为长久未开放，英华殿的院落有些荒芜，但满园的青草和茂盛的菩提树正迎合了它本身所代表的万物生息的佛教信仰。

< 英华殿前碑亭，亭中石碑之上刻有乾隆御制《英华殿菩提树歌》《英华殿菩提树诗》

Monument Pavilion in front of the Hall of flowers (Yinghua), where a stone tablet bears the inscriptions of Emperor Qianlong's compositions *Song of the Bodhi Tree in the Hall of Flowers* and *Poem on the Bodhi Tree in the Hall of Flowers*

< 英华门内第二进院，门两侧琉璃影壁中心饰琉璃仙鹤，为明代遗物

The second courtyard inside the Gate of Flowers, with glazed screen walls on both sides featuring central decorations of glazed cranes, a relic from the Ming Dynasty

∧ 经过修葺的整个太和殿区

The whole area of the Palace of Supreme Harmony after restoration

修缮前的东华门
The Donghua Gate before restoration

修缮后的东华门
The Donghua Gate after restoration

修缮前的漱芳斋
The Loft of Gentle Fragrance before restoration

修缮后的漱芳斋
The Loft of Gentle Fragrance after restoration

我算是出入故宫最为频繁的那类游客，有段时间几乎天天泡在故宫里。说来奇怪，你要是天天见一位朋友，可能察觉不出对方有什么变化，隔上两个月，猛一瞧就能发现对方是胖了还是瘦了。但故宫不同，见得越多、越频繁，我对它的改变感觉就越敏锐。

从 20 世纪 80 年代到现在，我跟故宫打了 40 多年的交道，我见过它的风尘仆仆，也见过它的焕然一新。在 600 多年的磨砺中，它并不是时刻都保持完好无缺，在沉默如河的日子里它曾经历多次修缮与重建，只不过，这些修补或创造性的建设没有破坏它初建时留下的夺目观感，反而每一个阶段都很好地体现了当前的审美与信仰。而那些因为天灾或是人祸留下的疤痕，是故宫叙事感与宿命感的最佳体现，并没有因为它变得脏乱、荒芜而减少魅力，反而像来年旧木生新芽，那是故宫在开口，缓缓诉说它的历史故事。

> 修缮前的慈宁宫花园
Garden in the Palace of Compassion and Tranquility before restoration

修缮后的慈宁宫花园

Garden in the Palace of Compassion and Tranquility after restoration

< 修缮前的建福宫

The Palace of Established Happiness before restoration

建福宫是故宫里色彩繁复建筑的代表，有紫色琉璃瓦覆顶，孔雀蓝琉璃瓦剪边，黄琉璃瓦绿剪边，不论是局部特写还是全景，都像在拍故宫收藏的一盒年代久远的浓丽水粉。

爱逛博物馆的朋友对“乾隆式审美”这个词一定不陌生，众多撞色设计令人眼花缭乱，有些物件甚至艳过了头儿，接近俗气了。我之前逛到建福宫时，看介绍说这一处是乾隆皇帝亲自设计修建的宫殿，当时还有些纳闷儿，建福宫艳丽却不失端庄，华美却也透着灵气，和博物馆内的那些釉彩瓷器摆件风格迥异，看来到底是皇帝心思多变，要不怎么说“君心难测”呢。不过乾隆皇帝注重审美的同时也没有忘记宫殿的“实用性”，孔雀蓝的琉璃瓦在当时最为稀有，蓝色象征天，寓意至高无上。这样一来，俯瞰紫禁城时，不论建福宫身处何方，都能一眼看出那处宫殿身份不同，您瞧，这雍容的外衣下始终难掩乾隆皇帝贵为天子的尊贵与自恋。

< 修缮后的建福宫

The Palace of Established Happiness after restoration

> 建福宫窗棂

Window lattices of the Palace of Established Happiness

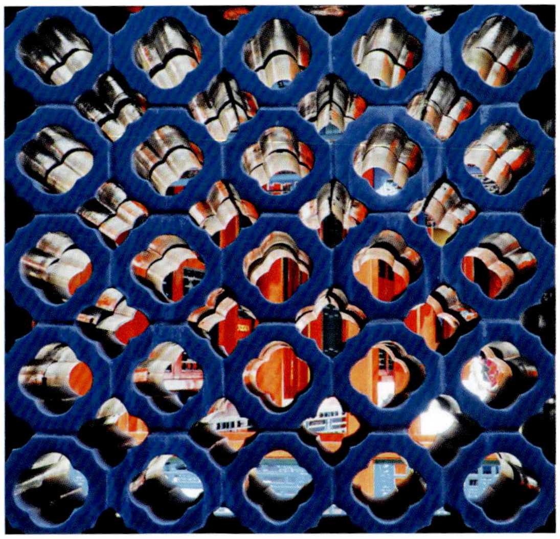

摄影后期调色中有一道工序叫调对比度，对比度越大，图片清晰度就越高，色彩也越明艳，拉动对比度曲线可以见证整张照片由灰暗转为明亮的过程，这和我拍摄故宫的经历不谋而合。我的相机里保存着一些宫殿修缮前的照片，有的宫殿看上去老态龙钟，有的却是老骥伏枥。拿建福宫来说，乾隆皇帝用各式文玩古董堆满了整间屋子，清朝末年时这里起了一场尢名大火，一夜之间，建福宫被烧了个精光。珠光宝气的建福宫一下跌落凡尘，甚至可以说是蓬头垢面，那会儿把对比度拉满，照片也仍是灰蒙蒙的，像是一株被抽走了生机的枯木。

我再次来到修缮后的建福宫，屋顶的荒草已被清除，陈旧的琉璃瓦被新瓦替换，浴火重生后，它依旧美艳、明丽，就像不曾衰老过的美人。亮丽的孔雀蓝就是建福宫彰显身份地位的标志，如今它在残垣断壁上长出新芽，将末代皇帝的迷茫挣扎化作那场大火中扬起的尘烟，轻飘飘地落在地上，用百年的等待再次点亮故宫曾经的辉煌，这时候拍下的它，即使不调节对比度，也能看出它骨子里的华贵，似乎还有股不服输的劲儿。

太和殿便是我说的“老骥伏枥”，即便未经修缮，也依然庄严气派。高大的物体往往自带威严之相，如巍巍昆仑、宝殿佛像、云边高崖，宏大的景观会不自觉唤醒人内心深处的崇拜之情。不论是仰视、俯视，还是平视，目之所及皆是它睥睨众生的姿态，恍若有源自九天之上的震慑力。

太和殿是紫禁城的中心，也曾是国家的权力中心，纵然它修缮之前落满灰尘，纵然它的木质斗拱上的彩绘已斑驳掉落，但它静默地矗立在广场中央，宛若修行的老者，任凭时间穿过它的身体。镜头交错，时空交叠，原来之前它的那段沉寂，是百年风尚的一次回眸。

∧ 修缮后的太和殿
The Hall of Supreme Harmony after restoration

< 修缮前的太和殿
The Hall of Supreme Harmony before restoration

^ 修缮前的角楼
The Corner Tower before restoration

> 修缮后的角楼
The Corner Tower after restoration

角楼不似太和殿以规模之大取胜，亦不似建福宫以色彩鲜丽胜出，它的独特之处在于别具匠心的构造。翘起的檐角、错落的多屋脊、三重檐的堆叠，异常繁复的结构不但没有使角楼看起来杂乱，反而是层叠有秩，精巧壮观。建筑的精巧源于匠人的巧思，听说当时修建角楼是个难题，主修的匠人想了很久都没有想到能够满足朱棣要求的模型，最终在街边一个蝈蝈儿笼上偶然受到了启发，要不怎么说高手在民间呢。

每次走到护城河边上，我都忍不住停下来给角楼拍上几张照片。主次分明的角楼重叠错落，与一水潺潺的护城河相得益彰。摄影者如果想找到摄影对象的特性，就要先学会观察。就建筑而言，它的特性在于它所承担的任务，或者说是与生俱来的气质。角楼是紫禁城里唯独在高墙外就能完整看到的建筑，这就是它的独特之处。在我眼中，它就像紫禁城的鹰眼，城内的人借助它洞悉天下局势；它也像皇宫的影子，城外的人借助它一窥皇宫的华美。护城河接住了角楼的影子，河上是实，河下为虚，一实一虚就这样并肩而立了600多年，日久天长，角楼的经年变化都落在了被风吹皱的河水里。但愿我拍下它的这一秒，也能化作一个小小涟漪，被这广阔的护城河，被这默然的角楼默默记住吧。

第四章 Chapter 4

多重身份的圣殿

Palaces with Multiple Identities

明清时期，中和韶乐奏响了紫禁城的集权，朱红色与明黄色描摹了帝王的至尊无上，高墙堆砌起它密不透风的铠甲，这里是国家中枢、帝制中心。古器物部的档案记录了故宫的点滴物件，修复处的师傅知晓故宫的纹理与脉络，胶水黏合起它沧桑百年的衣衫，这里是明清旧苑、文化胜地。600 多年的时间作曲，600 多年的历史作词，在音符的交错、间奏的起落中，故宫穿梭在它的多重身份间，唱出深沉和大气，唱遍哀愁与喜乐。

第一节 Section 1

巍巍皇权 The Grand Authority

从殷商时期的『天下共主』，到后来『家天下』的封建帝制，天子只有一个，这是古人的公知。为了突显天子的唯一与尊贵，围绕天子的文字、物品、建筑都要具备独一无二的特性。天子穿的衣叫龙袍，吃的饭为御膳，居住之处为宫廷，魂归之处为皇陵。除了吃穿用度都用尊称，贵为天子对某些事物的绝对拥有是其特权，旁人不可使用，更不能轻易亵渎。皇帝、皇子的名号其他人须避讳，如康熙朝为避『玄烨』的讳，文人常以『元』代『玄』；明黄色是皇家的专属色，不论是一品近臣还是普通百姓，皆无权使用；红色的大门只有皇室与贵族能用，门上的门钉，皇宫用纵九横九，亲王府用纵九横七，世子府、郡王府则用纵九横五。

这些包含各种意义的数字以专制主义中央集权为灵魂，自下而上堆成一座无形的塔，最高层供奉着万千民众在以『礼』为核心的传统礼教中崇拜了数千年的阶级信仰，皇权就在塔的镇守下享受前来礼拜的子民的守护。

皇极殿内被阳光照亮的皇帝宝座

The Emperor's throne illuminated by sunlight inside the Hall of Imperial Supremacy

太和殿前月台上的铜龟

The bronze tortoise on the terrace in front of the Hall of Supreme Harmony

太和门前明代铸造的一对铜狮，为紫禁城内陈设铜器中体量最大者，此为东边的雄狮

A pair of Ming Dynasty bronze lions in front of the Gate of Supreme Harmony, the largest bronze items displayed within the Forbidden City. This is the male lion in the east.

社稷坛与交泰殿是皇权巍然而立的具象体现，社稷坛是帝王祭祀的重要场所，帝王在此为天下黎民祈福。清代，交泰殿用于贮藏皇帝的二十五方宝玺，有皇帝之宝、皇帝奉天之宝、皇帝尊亲之宝等。二十五方宝玺为乾隆皇帝指定的代表国家政权的二十五方御用国宝的总称。每年正月，钦天监择吉日吉时开御宝，皇帝拈香行礼，岁末择日封宝。

∧ 交泰殿的二十五方宝玺

25 imperial seals in the Hall of Union

> 交泰殿

The Hall of Union

中和殿内景

Inside the Hall of Central Harmony

明清时期，太和殿承担国家重要典礼，包括新皇登基、皇帝大婚、点将出征等；中和殿是庆典仪式开始前皇帝小憩或念诵祭祀祝文的地方；保和殿明朝时是皇帝大典前更衣或节庆赐宴的场所，清朝时改为殿试场所。一场庆典，皇帝更衣、宣读颂文、亲自主持，这3个环节要换3个地方，现在看来难免觉得有些烦琐，但烦琐中才能看到讲究，讲究中才能参透礼法。实用是生活所需，仪式从来不是生活的必备品，它在相当多的场合里，是身份的象征。

∧ 乾清宫门前的镏金铜狮子

The gilded bronze lions in front of the Gates of the Palace of Heavenly Purity

> 江山金殿

The Golden Hall of the Nation's Prosperity

皇权的宣示并不需要摆开阵势去鼓吹，在空旷的空间内，人站在高大的朱门前自会心生敬畏，在各种数字组合成的『惯例』和『规格』间，人们依据对应的数字自会找准自己的位置，器用典章、国家制度无处不在，渗透到皇宫、宫外的生活，下沉到百姓心中，皇权就这样无声无息地将人分为了三六九等。

太和殿上方的“建极绥猷”匾及天花藻井

The "establishing laws according to Heaven and guarding the people in the Great Way" plaque above the Hall of Supreme Harmony, as well as the caisson ceiling

乾清宫内一角：镜中映照出镜头外的皇帝宝座

A corner inside the Palace of Heavenly Purity: A mirror reflects the Emperor's throne beyond the camera

如果说紫禁城是一场梦，明清帝王们在青山不老、江河不废的念头中接连睡去，我们这些后来者对故宫的研究和探访则像是将他们从梦中一次又一次地唤醒。这场研究和探访，始终以皇权为主题展开。

照片不会说话，无法像司礼监般开口宣告皇权制度，但紫禁城从不只靠律法来显示它的至高无上。建造形制、屋瓦细节、各色摆件、营造数量、具体高度，这些都是皇权分散在各处的注脚。当相机的水平线和故宫的纵轴线重合时，不难发现，紫禁城东西结构对称，南北次序井然，光在建筑布局上，它便从未有过凌乱，怎么拍都难掩其方正有序，这是紫禁城的灵魂所在。

遍布紫禁城的琉璃瓦有明黄色、孔雀蓝、墨绿色、黑色，宫墙又是清一色的朱红，为何紫禁城不叫“黄禁城”或“红禁城”？“紫禁城”的“紫”并非指颜色，它源自中国星象学。在古代星象学中，紫微垣位于中天，是天帝起居之所。根据天人对应，人间的皇帝起居之所就借“紫微垣”之名。加之内廷本身是禁地，他人不可擅入，故自明成祖朱棣迁都北京始，“紫禁城”就代替了前朝的未央宫、龙福宫，成为新朝的皇家宫苑。清朝也没有改其名。紫禁城一方面是皇权的杰作，另一方面也是皇权的镜子，将皇权的眉眼、身形悉数展露在天地之间。

< 太和殿皇帝宝座上方的藻井

The caisson ceiling above the throne in the Hall of Supreme Harmony

∨ 太和殿金龙漆雕大门

The golden dragon lacquer-carved doors of the Hall of Supreme Harmony

太和殿脊兽
The roof ridge mythical creatures of the Hall of Supreme Harmony

掐丝珐琅鱼缸上的铺首
The cloisonné enamel decoration on the fish tank

^ 太和殿宝座正面
The front view of the throne in the Hall of Supreme Harmony

> 太和殿宝座侧面
The side view of the throne in the Hall of Supreme Harmony

我走向太和门，在汉白玉栏杆不断填充视线时，我察觉到前方东西两侧各有一双狠厉的眼睛默默紧盯着我，似乎在发出警告：大内禁地，闲人不可擅闯。这是一对壮硕有力的雌雄青铜狮，双耳耸立，它们并没有目视前方，而是微侧身子，锐利的目光聚焦在中轴线上，审视每一个企图靠近太和门的人。雄狮脚踩绣球，象征“一统寰宇”；雌狮脚踩小狮，象征皇家“子孙昌盛”。

太阳的光辉游走在太和殿台阶中央的龙纹石雕上，寒来暑往，风霜雪雨在这块巨大的石雕上留下了模

糊的痕迹，它作为进入太和殿的最后一道阶梯，更像是一座桥。自下往上形成的仰视角让我们的视觉重心聚焦在太和殿最顶端，我们被来自太和殿的威严笼罩着，除了高远的青天，便是眼前的它了。若是自上而下俯瞰，则会觉得视野一片开阔，轻而易举就可以越过数重宫门，乃至望见宫外的景象，这大概就是天子的与众不同吧。天下的焦点只有一个，其他人都只是汇聚到焦点身上的光线而已。

现在，我们作为游客来参观太和殿是十分幸运的，不用卑躬屈膝，可以直视高高在上的龙椅，甚至我的镜头还可以正对着龙椅上方的轩辕镜拍摄。从前，这里君臣界限分明，礼仪庄敬肃穆。皇帝沉稳的声音从龙椅之上传递出去，经过空间的放大，宛若洪钟，声声传到殿外，那些垂首而立的人仿佛从天边接到一道口谕，在他们的耳边嘹亮回响。

太和殿龙柱

Dragon columns of the Hall of Supreme Harmony

太和殿内纹饰

Ornamentation inside the Hall of Supreme Harmony

宫内的鎏金铜麒麟
Gilded bronze Kylin inside the palace

雨花阁屋脊上的金龙

The golden dragon on the ridge of the Pavilion of Raining Flowers

如今，空荡荡的大殿里不会再出现君与臣，但那些大殿之上的圣谕、臣子伏地跪喊万岁的声音，就在我们直视大殿中心时，就在我们试图戏谑谈论过去的历史时，似乎突然回响起来，而龙椅上恍惚坐着缄默不语的皇帝。大殿内的光线只有冬至时才会达到最亮，其他时间拍的照片上明亮程度均不高，半明半暗的光影恰似帝王尚未完成的夙愿，他们在有光的地方遥遥期盼，在阴影之处转身沉思。

或许是“真龙天子”的皇权威严加持，或许是因为营造时运用了诸多巧思，拿着相机在故宫随便逛上一天，保准你能拍到许多人气磅礴的风物照：浓烈的红、耀眼的金、广袤的白，加上宫殿的精巧结构，物件上极为繁复的各式花纹。这时候若是天边出现火一般的晚霞，又或是殿内充盈着炫目的日光，紫禁城就如同开起了染坊。鎏金的纹饰勾着朱红的栏杆，生锈的门钉在落日下排列出整齐有序的影子，色彩越是明媚，就越足以让人心生神圣之感；排列越是规矩，就越能让人领悟其中的法度。在这样的环境中拍出的每一张照片，其背后似乎都能听到中和韶乐在隐隐奏响。

许多朋友来故宫拍照片，一定会收获几张红墙黄瓦，这典型的“番茄炒蛋”配色几乎成了故宫必不可少的标签。不过，在一众明黄琉璃瓦里，南三所的墨绿色琉璃瓦一定会格外吸引众人的目光。长焦对准的时候，一晃眼还以为是宫里的一片长势极为对称的森林。巧了，这南三所似乎真和“森林”有关。它位于紫禁城东南部，乾隆朝以来为历朝皇子居所。因为五行之中东方属木，为青色，主生长，皇帝注重为皇室开枝散叶，所以这里的房屋皆覆绿瓦。片片绿瓦是对皇子健康成长的期许，在步步为营的深宫，这种期许更像是一种保佑和祈祷，所以这一抹绿色在故宫中愈发鲜明而有活力，像一条茁壮的藤，尽情且有序地发芽、生长着。

∧ 阳光下南三所的彩色屋顶
Colorful roofs of the South Three Halls under the sunlight

< 宫内重叠的屋顶
Layers of roofs inside the palace

火烧云下的紫禁城

The Forbidden City under a sunset glow

弘敷五典無輕民事惟難
惟精惟一道積于厥躬
明

那次午后，我偶然路过三大殿，抬头不经意间看到须弥座的汉白玉栏杆上坐着一个人，他正坐在栏杆的石柱上往大殿屋脊的方向望去，春风吹起他的衣角，四下别无他人。看着他的背影，我的脑海里顿时想到了很多人物——洒脱不羁的侠士、孤独一生的行者、就此退隐的文人……

那时，湛蓝的天空上飘浮着朵朵白云，是北京少有的好天气。一人一殿就这样遥相对望，他们之间的对话只有自己清楚，而作为局外人的我，看到了过去与现在的联结，看到了物与人的融合。这时候天地很大，大到他在我的照片中只有芝麻粒般大小，但天地同时又很小，小到此刻仿佛只有这一人一殿。此刻，故宫的底蕴不再只是史书上的光阴漫长，还插入了游客进入时带来的让人惊艳的新段落。

不过为了游客的安全着想，也为了更好地遵守故宫的参观规则，这位『侠士』最终在我的提示下从石柱上起身离开。但是，他的潇洒与开怀，将留在照片里成为故宫永远的风景。

< 孤独洒脱的身影

The free and lonely figure

在故宫还是『紫禁城』的时候，每逢节庆日子，整座皇宫会随着笙簧、编钟的悠扬乐声，在一片旌旗飘飞或彩绳挂枝中骤然明亮起来。宫中大多数的仪式都具有复杂的流程和严肃的氛围，碰上春节、元宵节、冬至等，各种仪式就较为轻松喜庆。

这份热闹如今已经远去，但另一份热闹又在故宫中慢慢发芽了。故宫里没有了皇帝、妃嫔、太监、侍卫、宫女，但故宫中新进了游客、安保人员、文字学家、明清史专家、建筑工程师。游客仍然会在乾清宫聚首，等待着阳光照在『正大光明』匾上的奇妙时刻；钟表馆如今陈列着精致灵巧的机械钟表，但它并没有忘却自明初被称作『奉先殿』时，自己作为太庙的职责。新鲜的世界，新鲜的职能，让故宫在『故』的基调上，延续着自古以来的人文情怀。时空的交错，与历史对话，我在与它相处的过程中，彼此感受对方的能量。我们给它带来了科学技术、文化创意，而它以绵长的传统文化不断孕育、滋养着一代代故宫人。

第二节

Section 2

默默情怀

Silent Sentiment

乾清宫

The Palace of Heavenly Purity

三大殿区域的游客

Visitors in the three major halls' area

值班室外的御猫
The imperial cat outside the duty room

停歇在内金水河管道上的一对鸳鸯
A pair of mandarin ducks resting on the Inner Golden Water River conduit

参观的游客

Visitors

绿色文明施工，安全和谐游览，共创
安故宫。
Please help us develop a safe Palace Museum by supporti
novation
project and taking care during the tour.
故宫博物院
THE PALACE MUSEUM

每天下午5点准时闭馆，游客热热闹闹地散去后，巡逻的人要对所有陈列馆进行查看、清点，然后落锁，还要带上手电，走上宫墙，沿着城墙查检一番，和当年宵禁前巡逻的锦衣卫打着灯笼守卫紫禁城一样。到了凌晨一两点，城外静悄悄的，大街上人烟稀少，而此刻故宫里却是一幅喧嚣热闹的图景。而到了第二天早上，工作人员还会准时遛遛宫里的警犬。

为最大限度保证游客的观赏体验，日常维修所产生的垃圾与废料要通过大型卡车连夜拉出故宫，或者是那些跋涉千里『进宫』的木料，也只能在苍茫夜色中运到故宫里。铲车和重型卡车的轰鸣给夜晚的故宫平添了别样的生动感，它们俨然是另一种形态的『宫里人』。

< 警犬晨练
Police dog in a morning exercise

< 冬日阳光下巡逻的武警
Armed police patrolling in the winter sun

来故宫的游客形态各异，有的是摄影师，举着相机一拍就是一整天；有的来故宫写生，在角落里安静地画画，花坛边、银杏树下坐着不少这样的民间高手；有的换上服装，从战国袍到清马褂，甚至是二次元的服饰，他们借故宫的景完成一次『穿越』和『交际』；有的逛得特别认真，常常对着一个匾额或是一块书版凝思很久。

∧ 永远的人流

Constant human flow

在他们眼中故宫有不同的身份，也有不同的色彩，故宫也因为他们变得多元、活泼。每次上班看到故宫里熙熙攘攘的游客，我打心里为故宫高兴，为我们的传统文化高兴，有了他们的喜爱，故宫才有不断焕新的动力，中华文明才有不断延续的传承者。

除了特殊时期，故宫的人流量一直都居高不下，站在城墙上往下看，可以看到人头攒动，与之相对的便是历史的洪流奔流不息。

故宫商店

代代故宫人一直在追寻、推广故宫文化，它是经典和传统的浓缩，经过封建君主专制达到极盛的两个王朝，它所凝聚的人事、物力、艺术都是其他遗址无法比拟的。它的独特性、丰富性乃至象征性，对世界各地的游客充满不可抗拒的吸引力，也让我们的保护、修缮与开发工作充满永不气馁的创造力。故宫不是冷冰冰的建筑，也不是无情的宫殿，此时，它变成了一种精神延续、传承载体，有师父和徒弟的传授，有馆长与馆员对它的深度了解，有游人对它的赞美和跨次元创作，有新的人、新的物、新的景，有时代的温度在传递。

< 拍照留念的身影

People dressing for a photograph

< 故宫商店一角

A corner of the a shop in the Forbidden City

< 2005年在午门城楼举办法国凡尔赛宫展，图为开幕式搭建的凯旋门

In 2005, the exhibition of the Palace of Versailles from France was held at the Meridian Gate watchtower. The photo shows the Arc de Triomphe built for the opening ceremony

< 故宫图书馆，此为寿安宫第二进院正殿

The Palace Museum Library, this is the main hall of the second courtyard of the Shou'an Palace

< 故宫图书馆寿安宫善本书库一角

A corner of the rare books collection in the Shou'an Palace of the Palace Museum Library

> 故宫图书馆，1925 年就设立在寿安宫

The Palace Museum Library was established in the Shou'an Palace in 1925.

1925年10月10日，故宫博物院成立，下设古物、图书二馆，图书馆坐落于紫禁城西北隅、英华殿迤南的寿安宫。这座静谧的院落，是明代咸安宫旧址，乾隆皇帝为恭祝其母崇庆皇太后六十大寿所建。自成为故宫图书馆后，在百年的沧桑流转中，院内机构更迭不断，图书馆的文物库房也增加了城墙上的2个角楼、九龙壁的7个库房和地下8个库房。但图书馆的主体仍然在寿安宫延续至今，连同乾隆皇帝的孝心，在数不清的日子里开出一朵朵繁花。

故宫的过客（组图）

郑欣淼 / 摄

Passersby of the Forbidden City (Photo Series) by Zheng Xinmiao

民间流传这样一句话："最是无情帝王家。"皇室的"家长里短"被高高的宫墙紧紧包裹，百姓们只能通过各种大事诏令对皇家的事情管中窥豹。这些诏令可能是金榜题名、将帅出征、皇帝驾崩，于是乎皇室的人，甚至连同皇宫里的人，在百姓眼中便都少了些寻常人家的温情。但天子终归是"子"，有人情冷暖，亦有喜怒哀乐。子女之欢、日常琐事，这些当然亦是紫禁城的生活。

因为采用了大面积的朱红、明黄这样的暖色调，故宫的整体外观在视觉上给人的第一感觉也是暖的。当我站在排列整齐的大红廊柱前，看灿烂的阳光泻满檐下，会不会和曾经下了值倚着廊柱晒太阳的小宫女相遇呢？当我漫步在曲径通幽的御花园，听莺声燕语，赏花朵芬芳时，会不会恰巧遇见皇帝在园中和爱妃吹笛吟诗、琴瑟和鸣的画面呢？当我的镜头和皇极殿屋檐上清除杂草的工人相遇时，会不会在他身上看到多年前工部小吏上下忙碌、来回奔跑的影子呢？

是这些暖色调的情与人，将带有温度的事与物，填满偌大皇宫中的空缺角落，在栏杆上长出暖光，在宫墙下生出愿望，在老树的枝丫间留下期待，调和出紫禁城的温暖一面。

> 朱门上红漆斑驳脱落
The red chipping and peeling paint on the palace gate

> 太和殿丹陛石缝中茁壮生长的小花
Small flowers thriving in the red stone crack of the Hall of Supreme Harmony

^ 嬉戏的金鱼在莲叶间穿梭自如
Playful goldfish darting freely among the lotus leaves

故宫里容纳着许多小生命，它们也常常是我相机镜头里的座上宾。它们的存在，让故宫充满了意料之外的生机。就在我面对红漆斑驳的殿门感叹着物是人非时，转眼便看见嬉戏的红金鱼在碧绿的莲叶间穿梭自如，那无忧无虑的姿态真是让人心生艳羡，鱼在水中游，无忧也无愁，原本惆怅的心情这时随着鱼尾激起的层层涟漪，很快就消失在金水河中了。就在我驻足珍妃井旁，嗟叹有情人难成眷属时，却听见耳边传来野鸭和鸳鸯的叫声，这高亢的呼唤是在填补百年前的那场遗憾吗？水中成双的倒影是光绪皇帝对珍妃思念心切的证明吗？它们从桥洞下游出来时，如同一段不断靠近的历史，带着迷蒙的雾气，倏忽又会在下一个桥洞中隐遁。

^ 俏立宫殿屋顶的“祥瑞”喜鹊
Graceful magpie perched on the roofs of the palace buildings

宫里最常见的 3 种小动物，分别是乌鸦、喜鹊和猫。在现代人的刻板印象中，乌鸦常常寓意着不吉祥，因此很少有人特意去拍故宫里的乌鸦，更别提让乌鸦为画面创造美的灵感了。殊不知，乌鸦是清朝皇室的吉祥物，坤宁宫外还设有专门奉养乌鸦的场所。你瞧，谁说这平面的照片没有感情呢？那里头藏着我们的偏见不是？

当然，相比于乌鸦，喜鹊和猫在游客和各大摄影师心中的地位就高很多了。宫里的喜鹊和御猫不知道传了多少代，到现在依旧能看出这两大家族“人丁兴旺”，由此可见，当时的皇帝、妃嫔们一定也是爱猫爱鸟的。不知道是不是因为它们久居故宫，这些喜鹊和御猫看久了竟也能看出一丝“宫里人”的影子。

∧ 故宫大修中不乏女性的身影

Women workers are also seen in the major restoration of the Forbidden City

> 大修中工匠生动的一瞥

A vivid glance of a worker at work during the major renovation

故宫的“人”与“情”是它神秘、厚重、含蓄、庄严等一切特质的源头，从前的深宫不是只有步步惊心的争斗，还有皇帝的真情。现在的故宫不是只有作为景区的孤芳自赏，还有各地游客为它带来的无限生机，也有身怀绝技的工匠使它代代传承。

像我这样的摄影“熟客”，常碰见前来拍写真的年轻人，还有匆匆参观赶行程的游客，大家都抱着对故宫的满心期待“慕名而来”，想从宫内带点儿“美景”出去。但有一类人，他们的每次出现，都是为了让这偌大的故宫得以再次成长，他们就是前来修缮的工匠。

我的相机里有很多张这样的面孔，质朴的工装、黝黑的脸庞、沾染了灰土的粗糙手掌，头上往往会戴一顶草帽或者安全帽。他们时而俯身在屋顶上更换琉璃瓦，时而爬上重檐查看彩画的剥蚀情况。没有动作摆拍，更没有精心挑选的机位，照片中的他们像一只只在紫禁城屋顶上歇脚的候鸟，成群地飞来，又成群地飞走。在不知道见过多少位工匠师傅后，我恍然觉得紫禁城有时候不是什么皇宫，也没有什么帝王气象，而是一个呱呱坠地的婴儿，需要人细心地照顾，需要人陪它在走不完的时间里接受源源不断的裂变与新生。

每当重看这些照片，我都会感到渺小与伟大在此刻达到了和谐与统一，短暂与永恒在此刻完成了会晤与融合。几百年的艺术将在新时代人的手中焕发生机，将那道来自600多年前的光稳稳接住。

第五章 Chapter 5

鲜为人知的深宫

The Unknown Deep Palace

历史暂停在琉璃瓦的阴影下，时间累积在盘龙柱的积灰里，紫禁城固然恢宏、雄伟、肃穆，让人敬畏，但在漫长的过往中，紫禁城也有无人问津的角落、不见天日的秘密、尘封已久的记忆。这卷翻不尽、道不完、看不倦的书，总会在琐碎的日常之间，或是在不起眼的角落，突然给予你来自几百年前的挥手或眼神。这些吉光片羽，汇成了深宫微光，荧荧照着紫禁城的百年心事。

第一节

Section 1

难以看到的角落

The Unseen Corner

故宫并非全部对外开放，如今至少还有30%的空间未开放，这些区域游客只见其表，不见其里。这些不开放的宫殿，有的因为内部空间狭小，开放不利于文物保护；有的因为是宗教建筑，其内文物众多，仅供研究者使用，暂时不便开放；还有一些角落之所以不为人知，是因为游客很少关注，它们或者不是大众印象里的故宫风物，或者隐藏在无人关注的转角，需要沉下心，甚至钻进历史资料里才能看得见。

储君的选定是皇室的头等大事，康熙有35个皇子，因此立储是困扰了他一生的问题。有鉴于此，雍正皇帝为了减少皇子间的猜忌与竞争，特地设立秘密立储制，将储君人选写好放进匣内，藏于乾清宫『正大光明』匾后。这块匾由顺治帝所题，『正大光明』4字寓意爱新觉罗子孙要心胸坦荡，言行正派，如此才可称为一代明君。自此，乾清宫仿佛是太和殿的襁褓，默默守护每一位被记录在册的皇子，直到他离开南三所，走出乾清宫，落座太和殿。

太和殿明间6根盘龙金柱拔地而起，高约10米，支撑着同样金碧辉煌的藻井。藻井正中央卧着一条目光狠厉、口衔『轩辕镜』的蟠龙。传说如果龙椅上的天子不是正统继承人，蟠龙将吐出轩辕镜，将篡位者就地正法，以保天下龙脉延续。

但其实现在的轩辕镜并不是正对着下方的龙椅，相传是袁世凯篡位时由于惧怕轩辕镜砸到他，让人将龙椅整体往后挪动了几厘米，这传说听起来真是让人忍俊不禁。

> 太和殿的轩辕镜

The Xuanyuan Mirror of the Hall of Supreme Harmony

太和殿宝座后

Behind the throne of the Hall of Supreme Harmony

皇帝大婚照例会在坤宁宫东暖阁举行，帝后在一片喜气中度过两天难忘又难得的闲暇时光，皇帝随即怀揣着在坤宁宫中得到的『日月相映』『龙凤呈祥』的美好期盼，移居乾清宫或养心殿。

^ 坤宁宫萨满祭祀场所

Shamanic ritual site in the Palace of Earthly Tranquility

清代的皇帝对紫禁城进行了多次重建、新建、改建，促成了满汉及南北建筑风格的交融。

坤宁宫原是明朝皇后寝宫，清代仿照盛京清宁宫的规制进行改造，成为专供宫中萨满教祭神场所及皇帝大婚的洞房，这不光使坤宁宫成了紫禁城内最具满族文化特色的建筑，更为它披上了一层神秘面纱。

萨满教跟随满族入关的马蹄声来到中原，坤宁宫又在萨满祭神、祭天的仪式中迎来一场场大典。除每日有固定的朝祭、夕祭等内廷祭礼外，在重要的节日里，皇帝都会率后妃、诸王贝勒等齐聚坤宁宫，于祭祀萨满神的乐声中，默念自己心底最珍重的信仰。

日升月恒

坤宁宫东暖阁皇帝大婚洞房

The East Warm Champer of the Palace of Earthly Tranquility: the emperor's wedding champer

紫禁城东北隅的宁寿宫区，是乾隆为自己准备的归政后颐养天年的居所，建造规制十分精巧，说豪奢也不为过。位于乾隆花园最北端的倦勤斋，室内空间分隔巧妙，装饰装修大量采用竹黄、镶嵌、双面绣等特种工艺，其室内西为方形亭式小戏台，四壁为170平方米的绢本重彩通景画卷所覆盖，系由郎世宁的弟子王幼学等人绘制。

这幅通景画原本已近乎剥落，故宫在修缮倦勤斋时，这幅画是最让人发愁的难题之一，但我们的工作人员肯用心，肯摸索，终于找到能完整修复它的办法，使得画上的藤萝重新舒展枝蔓，在俯仰之间，在百年之后，重新生出活力来。

< 宁寿宫区倦勤斋小戏台

The little stage in the Studio of Weary Diligence of the Palace of Tranquil Longevity

^ 漱芳斋内小戏台

The little stage in the Loft of Gentle Fragrance

\> 养心殿东暖阁“垂帘听政”处

The East Warm Chamber of the Hall of Mental Cultivation
where ruling the empire from the curtain was practiced

明清时期宫廷戏剧十分繁荣，清代尤盛。表面上看，宫廷演戏是供皇室消遣的文化娱乐活动，但实际上，宫廷演戏十分强调戏曲的仪式功能，有板有眼的唱词需得歌颂皇恩、庆贺升平。故宫仅将畅音阁3层大戏台对游客开放，漱芳斋院内的戏台不易看到，漱芳斋内的『风雅存』小戏台与倦勤斋小戏台更是难得一见。

游客们看到漱芳斋，一定会先想到乾隆。内廷西六宫以北的5座院落以往为皇子读书居住之所，统称乾西五所。乾隆即位前在二所成婚，此处后升为重华宫，头所遂改为漱芳斋。除院内有一大戏台外，漱芳斋后殿西梢间亦建有精致玲珑的室内小戏台，面东，额曰『风雅存』，皆为重华宫宴集时承应演戏之处。

華滋堂
重霄日月燭升恒
八表山川徵樂壽

< 养心殿后皇帝寝宫

The emperor's bedchamber behind the Hall of Mental Cultivation

△ 符望阁墙壁上的百年“印记”
The centuries-old 'imprints' on the walls of the Fu Wang Pavilion

∧ 符望阁内景组图

Pictures of the inside of the Fu Wang Pavilion

1926年，清室善后委员会点查符望阁物品，当时墙壁上悬挂了不少各种式样的装饰物，工作人员在登记造册的同时，为保存文物档案，又在装饰物处做了标记。21世纪，工作人员在对符望阁进行维修时，仍然保留了这些痕迹，如『李五六·木挂屏一』『李七五·硬木嵌花挂屏一副』『李五一·漆对联一』。编号中的『李』字源自《千字文》中的『果珍李柰，菜重芥姜』，说明符望阁以『李字号』为编号伊始。这些百年『印记』承载了博物院的历史，也见证了故宫的历史。符望阁建造初期是极尽奢华的，光是镶嵌用料就有玛瑙、青金石、螺钿、玳瑁等。推开时间的重门，这些稀有宝石在风声雨声中早已隐去，现在我们为它做下标记，昭示着它新身份的开始。

为人民服务
禁止吸烟

< 内阁大库的“文革”遗迹

The remnant of “the Cultural Revolution” in the Cabinet's archives

有一回，我照常在故宫里漫步，走进内阁小院后，突然发现一块惹眼的影壁，上面写着『为人民服务』几个字，久经风吹日晒，字迹已然斑驳。内阁建于明代，其大堂及小院在后世的几百年间都不曾被废弃。这块影壁在『文革』时期显然经人改动过，它的原貌我们已不复得知，旧王朝的建筑和新时代的标志遗迹如同叠在一处的两块补丁，颇有时空错位之感。

我在这块影壁前驻足良久，想象着内阁大库曾经的辉煌，想到清廷式微时，令人痛心疾首的『八千麻袋』事件。1921年，北洋政府教育部企图变卖内阁档案以充实经费，他们将存放在端门内重达15万斤的档案打包了近8000麻袋，以4000块大洋贱卖给了西单牌楼的『同懋增』造纸坊。后来在蔡元培的支持下，学界以两万大洋的价格赎回这批文献。如果不是那次抢救，我们对明清宫廷史的研究就少了至关重要的史料。

影壁不会说话，故宫人却把它保留下来，这是时代留给故宫的宝贵记忆。它斑驳的样貌就是它一生所诉说的故事，它在说过去的繁华，说曾经主人的落魄，说时代中的激荡与伤痛，说未来的光明与祝愿。

> 从太和殿内望向门外
Looking out from the Hall of Supreme Harmony towards the outside

在我看来，要拍故宫就不能只拍大家都知晓的故宫。视角有新旧之分，光影有明暗之别，但如果可以将目光投射到别人不关注的地方，甚至借助机缘看到游客看不到的场景，这才是真正看到了故宫鲜为人知的一面。

乾清门前有高大威猛的鎏金铜狮，也有在须弥台间隙中盛放的野花，铜狮有威震一方的霸气，野花有青春恰自来的骄傲；冬季的紫禁城有漫天的飞雪，也有飞雪不到处安安静静的寂寞。在游人为故宫雪景如痴如醉、声声赞叹时，我倒愿意为无声的窗棂、枯立的树干停下脚步。离人头攒动的热门景点不远处，因其他宫殿维修而忙碌的工人、被搬运的砖石木料，何尝不是故宫里另一种超越历史的风景呢?

< 修缮时从殿檐取下，在地上码放整齐的脊兽

Roof ridge mythical creatures carefully removed and neatly arranged on the ground during restoration

脊兽是故宫里的守护神，也是大明星，它们按照严谨的次序蹲守在屋脊上，庇佑一方殿宇平安无事。在风霜侵蚀、雨水冲刷下，这些祥瑞之物自然会有破损，故宫大修时就曾将各宫垂脊上的脊兽进行修缮或替换。大家平时都是看到一列 7 个或者 10 个脊兽，威严地跨坐在半空，如同一支精锐有序的军队，而我那时看到的是许多个脊兽分类摆放在一起，仿佛它们商量好了一同下凡回家探亲一样，少了天空的加持，它们因此变得小巧可爱起来。这聚在一起的情景，像是各自要拿这几百年的所见所闻互诉衷肠，如果我们能听见它们的窃窃私语，那场面一定十分有趣。

> 畅音阁大戏台上的戏曲表演
The opera performance on the stage of the Pavilion of Cheerful Melodies

我觉得，畅音阁是故宫里最有意思的地方。清代每逢皇帝、太后的生辰，都要在畅音阁热热闹闹地演上几天大戏，戏台本身就是一本故事集。

2017年重启畅音阁大戏台，我有幸在畅音阁看了几出宫廷剧。当时唱了一出《贵妃醉酒》，点光打在演员脸上，身后是纵深沉寂的戏台，一明一暗，一今一古，一动一静，好似当年戏台热闹的场景从这光的缝隙中走了出来。装面上殷红的油彩，戏服上艳丽的颜色，在黑夜中格外亮眼，正如开口便热闹满堂的戏腔。

在戏文和紫檀拍板咿呀不绝的和声中，我似乎闻见各色坚果和点心的香味自小太监拎着的食盒中飘出，看见演员们的头面和装面光彩照人，嫔妃们正和皇上商量如何打赏刚刚谢幕的“杨贵妃”。

< “垂涎三尺”的螭首
the drooling Chi

平日看惯了稳重的螭首，那天一抬头看到它竟有如此滑稽的一面。冰挂长短不一地从螭首唇边排列垂下，仿佛它闻见了御膳房刚端出的新菜，馋得直流口水，但故宫冬天的穿堂风太冷，霎时就将“垂涎三尺”冻上了。

因为是故宫的“老伙计”，我偶尔会得到一些难得的“特权”，比如绝大多数游客和故宫的缘分暂停在故宫每日闭馆之时，但我仍然可以在“人去宫空”后好好地逛一逛。这可不是我仗着给它拍过几次照片就“倚老卖老”，而是当满天清辉洒下，故宫会显露出更加安静、更为多愁善感的一面，这是多么不易得的环境，估计爱拍故宫的摄影师们个个儿都想在晚上翻墙溜进宫里大拍一场。

来故宫的人一定会来逛逛坤宁宫，这里是皇帝的婚房。我不记得自己走进这里多少次了，只记得每次走进来感受都不同。有朋友要忍不住讥讽我了，老李你就吹吧，同一间婚房，屋里摆设 100 多年没变过了，就算你摄影技术超群，构图用上的还不就是那几个场景，能有啥不同感受？我之前也是这么认为的，帝后鸾凤和鸣一直是皇家为天下夫妻所做的表率，既然是婚房，肯定充满了喜气洋洋的中式审美，还能有什么别的感受呢？

后来，我听了一个故事，就彻底改变了这种单纯的想法。坤宁宫里喜庆的大红色，原来可以是郁闷的红，也可以是重归于好的红，还可以是幽怨的红，它竟然向我展现了爱、恨、悲、愁不同的情绪。

故事发生在清康熙四年（1665 年）九月初八，那天紫禁城上下皆披红挂绿，白玉栏杆上映照出成片龙凤旗的正红色与赤黄色。11 岁的康熙皇帝并没有被满目喜气洋洋的景象打动，即将穿过御道而来的赫舍里氏是未来的皇后，在此之前他与她素未谋面。康熙皇帝十分清楚他们两人的结合本质上是一场政治权力交换，他的眼底浮上了无奈和忧愁。皇后的凤舆终于来到乾清宫，5 只金凤从轿顶飞出，飞进钟粹宫为赫舍里氏衔来东珠和如意簪子，飞进坤宁宫为她奏响喜遇团圆乐。

皇帝皇后婚床

The wedding bed for the emperor and the queen

坤宁宫内皇帝大婚洞房

The emperor's wedding chamber inside the Palace of Earthly Tranquility

行过合卺礼，康熙皇帝挑起赫舍里氏的红盖头，烛影摇曳下，两人的目光第一次相遇。稳重娴静的赫舍里氏很快就消除了康熙皇帝此前的担忧，她的温柔与美丽如同月光一样柔和，安抚着少年帝王多疑又敏感的心。他的倾心与偏爱如同日光一样炽热，照拂着中宫尊贵的唯一的皇后。

若是以这个故事为背景去拍坤宁宫，我会着重对焦在东暖阁的双喜大灯笼，被夕阳照亮的龙凤烛台，鲜艳无比的龙凤吉祥大彩架，它们似乎还保留着帝后的温情蜜意。

> 从窗外望向皇帝大婚洞房
Looking through the window into the emperor's wedding chamber

囍

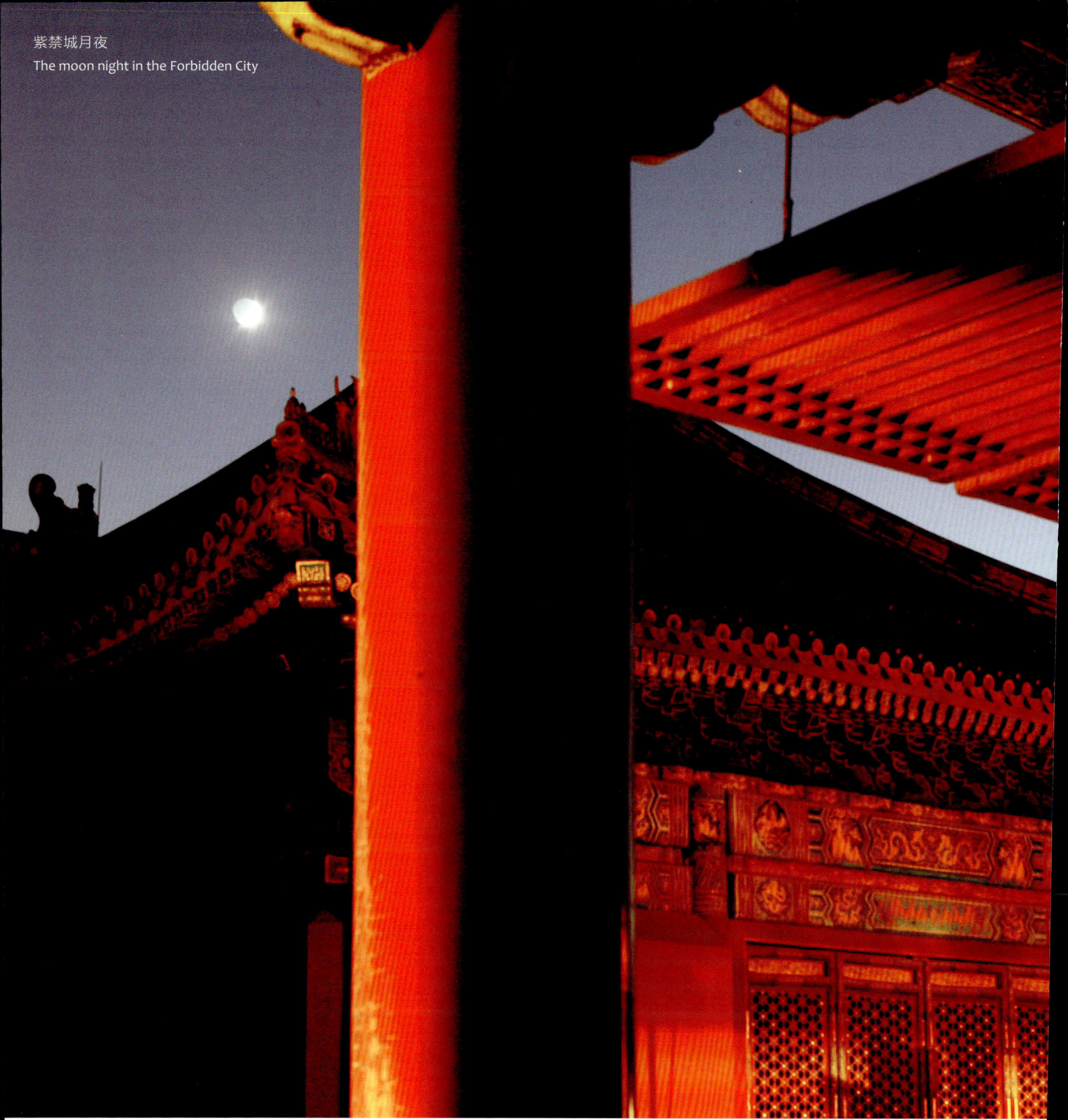
紫禁城月夜
The moon night in the Forbidden City

∧ 婚房红烛、宫灯

The red candle and palace lanterns in the wedding chamber

深宫的夜晚格外漫长，因为门外有门，锁外有锁，月光要穿过好几重飞檐才能落入眼中。这时候我就找个角落，闭上眼睛，先让自己的心静下来，去感受夜晚故宫的呼吸，此时黑的夜、白的月、红的墙，是暖与冷的碰撞，是平静与热闹的汇合，像绣娘手下交错的针脚，绣出了一幅既有张力又格外协调的“紫禁城月夜”图。白色的月是黑夜凝望大地的眼睛，它望向这绵延不绝的紫禁城，似乎要把每个人的心事望穿。当我仰头对着飞檐上的圆月时，不禁想，它是否看到过百年前的某个夜晚，曾有一位不受宠的嫔妃，独倚栏杆望月，在清冷的子夜留下了一声凄然的叹息呢?

第二节 Section 2

历史文化的宝藏

Historical and Cultural Treasures

明清时代，帝后有着自己的宗教信仰，紫禁城曾经是一座设有多处佛堂、神殿的皇宫。帝后一般不只信仰一种宗教，往往是多教并奉。帝王对某种宗教的尊崇，源自于他的治国方略或政治考量。帝王内心很清楚，有时候，尊崇并不等于信仰。

清代帝王信奉藏传佛教。乾隆时期，宫中遍设佛堂，宫廷佛事也很频繁。由于历史原因，雨花阁、梵华楼、宝相楼、梵宗楼等众多藏传佛堂长期以来处于封存状态，也因此能较好地保存着它们的历史旧貌，故宫博物院称其为『原状佛堂』。佛堂的原状，让我们离那些远去的历史又更近了一些，在佛像的庄严、佛经的深奥中，我们能够感受到如脉搏般跳动的历史，以及夕阳余晖中温热的文化。

雨花阁仿照西藏阿里古格的托林寺坛城殿，在明代原有建筑的基础上改建而成，是故宫唯一的汉藏形式结合的建筑。

身为楼阁式建筑的雨花阁，按照藏密的事、行、瑜伽、无上瑜伽四部设计为四层，一、二层之间靠北部设有暗层，故从外部看，雨花阁仅有三层，但实为『明三暗四』的格局。

我曾多次得以踏访雨花阁，也有缘拍下了不少照片。在紫禁城一片明黄琉璃瓦的海洋中，兀立起这样一座精巧、高峻、蓝金色调屋面的楼阁，调节了整个宫殿的天际构图，也升腾起一抹汉藏相融的绮丽色彩。

< 蓝金色调的雨花阁

The blue and golden Pavilion of Raining Flowers

雨花阁四层佛像之一（局部）
One of the four-layered Buddha statues in the Pavilion of Raining Flowers (part)

雨花阁一层三座珐琅坛城之一

One of the three Cloisonné mandala on the first floor in the Pavilion of Raining Flowers

∧ 梵宗楼一楼的文殊菩萨，摄于 2003 年

The Manjusri Bodhisattva on the first floor of the Pavilion of Brahma, photographed in 2003

梵宗楼 2005 年除尘之后的文殊菩萨
The Manjusri Bodhisattva after being dusted in 2005 in the Pavilion of Brahma

梵宗楼位于雨花阁西北，为一座倚墙而建的三开间卷棚歇山顶二层小楼。此楼体量很小，但其供奉的主神地位崇高。一层供文殊菩萨青铜坐像，像高1.1米，座宽0.7米。二层供文殊菩萨化身青铜像，称大威德金刚，他是威猛的、能降伏恶魔的重要护法神，像高1.72米，座宽1.35米。此二像为清宫中最大的文殊菩萨造像与大威德金刚造像。2003年，我第一次到梵宗楼调查，拍下了文殊菩萨与大威德金刚“蒙尘”的照片；2005年故宫文物清理时，为其除尘；2024年，我再次前往，两尊佛像已被包装起来，佛楼内部正准备全面维修。我看着眼前拂去尘埃的佛像，在若隐若现的铜光中，散发出轮回与朝圣的光晕。

∧ 梵宗楼二楼的大威德金刚，摄于 2003 年

The Yamāntaka on the second floor of the Pavilion of Brahma, photographed in 2003

> 梵宗楼 2005 年除尘之后的大威德金刚

The Yamāntaka after being dusted in 2005 in the Pavilion of Brahma

除佛教外，故宫还有不少道教殿堂，如钦安殿、天穹宝殿、大高玄殿等。钦安殿修建于永乐时期，规模宏大，殿内正中供奉着高1.8米的真武大帝铜像。这是紫禁城中轴线上唯一的宗教建筑，也是600多年来中轴线上唯一没有遭受过损毁的宫殿，真武大帝曾保佑紫禁城的安宁，也保全着他自己的安身之所。

> 钦安殿明间正龛原状

Original state of the main niche in the main chamber of Qin'an Hall

玄天上帝

皇家传说与深宫秘闻一直是游客想要窥探的秘密，在绘声绘色的野史笔谈中，紫禁城被富丽堂皇的外袍罩着的钢筋铁骨间，长出了寻常的血肉。几百年的日与夜，让我们这些后来人对以前的故事产生好奇与遐想。那些没有被史官写下的故事，那些沉入水底的传闻，简直像魔术师的手，不断吸引着我们向故宫更深处去找寻答案。

这些传闻就好似镜头下的阴影与虚化，在半显半隐之间，留下故宫故事的真与假；在背景或前景的虚化中，透露故宫传闻的虚与实。有时，虚构的事件比真实的更让人着迷，就是因为朦胧的故事满足了人们窥探秘密、解读历史的好奇心。

宫内的傍晚

The dusk in the Palace

慈禧太后的卧榻
The Empress Dowager Cixi's couch

紫禁城夜景

The night view of the Forbidden City

乾清宫夜景
The night view of the Palace of Heavenly Purity

“闹鬼”是紫禁城众多传闻中占比极高的一类，一到黑夜，狡诈阴险的宫斗就会着魔般从宫墙里钻出来，将那些脆弱的生命一一吞没。其实，宫斗固然残酷，但紫禁城没有因此闹过鬼，这里的黑夜也没有那么可怕，只是多了一些寂寞难挨。

明清的太监们可以与互有感情的宫女结伴，俩人搭伙过日子，叫作“对食”或“菜户”。白天他们侍奉各自的主子，到了晚上才能得空凑在一起说说话。窗外夜色渐浓，两个卑微之人促膝长谈，互相依偎取暖，成为浓浓夜色中微不足道的一丝暖光。

在我的镜头下，紫禁城的夜晚大都不是全然暗淡的，总有一星半点儿的余晖或是一丝微光洒在屋脊上、投进窗棂里，夜晚的它自带一种神秘，当白日的光鲜亮丽与热闹被黑夜削减后，那些沉淀下来的静、冷、暗、幽，正是它600多年来少人问津的静默与心事。

夕阳下的飞鸟与“游龙”
Bird flying and dragons at sunset

脊兽望月（一）

Roof ridge mythical creatures gazing at the moon (I)

脊兽望月（二）
Roof ridge mythical creatures gazing at the moon (II)

后记

故宫位于北京中轴线上，这里曾是明清两代的皇宫，见证过24位皇帝在此处指点江山。时代变迁，昔日的“紫禁城”已辟为“故宫博物院”，并将在2025年迎来建院100周年。故宫的宫殿建筑不仅是中国现存最大、最完整的古建筑群，而且其中蕴藏的故事说也说不尽。

本书讲述的是一座宫殿和两位守护者之间相遇、相知、相守的故事。一位是用40余年光阴守护故宫的故宫博物院原院长郑欣淼先生，另一位是用40余年岁月拍摄故宫的著名摄影家李少白先生，他们分别用镜头语言来记录这座600多岁的古老宫殿，以不同的身份、不同的视角，来解读“不一样”的故宫。

全书通过五大主题陈述故宫的故事。其中“与故宫不期而遇”主题通过两双眼睛透视故宫的历史；“四季栖居的宫苑”主题展示故宫的四季美景及色彩美学；“岁月往事的浮沉”主题重现故宫的古今变迁及修缮前后的场景；“多重身份的圣殿”主题让读者一窥威严皇权和人文情怀的鲜明对比；最后，“鲜为人知的深宫”则揭秘了故宫未曾开放的殿堂或不易看到的角落。

翻开本书，读者可以在一张张精彩的照片中，捕捉光影与色彩，踏入极具审美水准与艺术感的殿堂；可以在快门和胶片留下的时间缝隙中，体验“百年大修”的历史遗存；可以看到皇权极致追求下能与巴洛克艺术平分秋色的中式美学；可以窥探未曾开放、可能将来永远不会开放的殿堂内，那些尘封已久的皇室信仰；当然，还可以看到与平日印象里的故宫具有强烈反差的温情场景，那里充满人的鲜活气息。

本书的每个主题都由两位作者的作品穿插呈现。每个主题下，先由郑欣淼先生从他作为故宫博物院原院长、学者、“宫内人”的角度，展示历史的、人文的、厚重的故宫；再由李少白先生从他作为专业摄影师、艺术家、“宫外人”的角度，展示艺术的、美学的、诗意的故宫。排版形式也独具巧思，郑欣淼先生的内容采用竖版设计，李少白先生的内容则采用横版设计，通过经纬交错般的视觉效果，织就两位守护者与故宫之间的传奇故事，串联他们与故宫不解的情缘。

两位守护者与故宫的故事，将是故宫史书般的生命历程中熠熠闪光的一页，故宫更长久的故事还在由新一代的守护人续写……